珍藏本·增订本

纪念版

汉译世界学术名著丛书

思想与实在

〔英〕达米特 著

王路 译

商务印书馆

SINCE 1897

The Commercial Press

Michael Dummett

THOUGHT AND REALITY

本书根据牛津大学出版社 2006 年版译出

汉译世界学术名著丛书
（120年纪念版·珍藏本）
增订本出版说明

2017年10月，为纪念商务印书馆创立120周年，本馆推出“汉译世界学术名著丛书”（120年纪念版·珍藏本），计七百种。近五六年来，仰赖学界同人倾力支持，订正旧译，增补新译，拓展新著，积累日多。为满足读者需要，本馆在七百种的基础上，继续推出“汉译世界学术名著丛书”（120年纪念版·珍藏本·增订本）三百种。至此，“汉译世界学术名著丛书”累计出版已达千种。

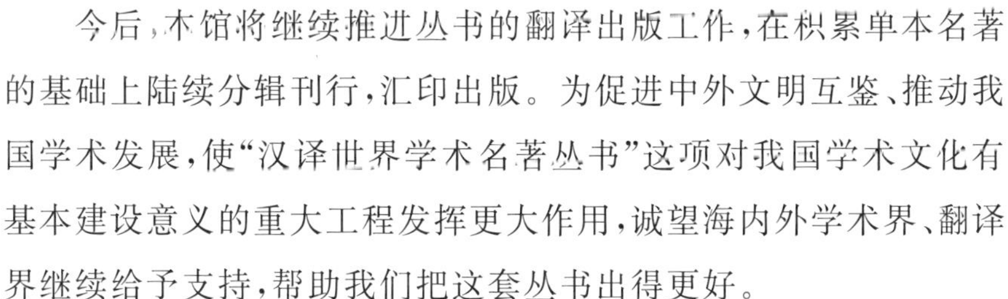

今后，本馆将继续推进丛书的翻译出版工作，在积累单本名著的基础上陆续分辑刊行，汇印出版。为促进中外文明互鉴、推动我国学术发展，使“汉译世界学术名著丛书”这项对我国学术文化有基本建设意义的重大工程发挥更大作用，诚望海内外学术界、翻译界继续给予支持，帮助我们把这套丛书出得更好。

商务印书馆编辑部

2024年2月

汉译世界学术名著丛书
（120 年纪念版·珍藏本）
出 版 说 明

2017 年 2 月 11 日，商务印书馆迎来 120 岁的生日。120 年前，商务印书馆前贤怀揣文化救国的理想，抱持“昌明教育，开启民智”的使命，立足本土，放眼寰宇，以出版为津梁，沟通中西，为中国、为世界提供最富智慧的思想文化成果。无论世事白云苍狗，潮流左右激荡，甚至战火硝烟弥漫，始终践行学术报国之志，无改初心。

逐译世界各国学术名著，即其一端。早在 20 世纪初年便出版《原富》《天演论》等影响至今的代表性著作，1950 年代后更致力于外国哲学和社会科学经典的译介，及至 1980 年代，辑为“汉译世界学术名著丛书”，汇涓为流，蔚为大观。丛书自 1981 年开始出版，历时三十余年，迄今已推出七百种，是我国现代出版史上规模最大、最为重要的学术翻译工程。

丛书所选之书，立场观点不囿于一派，学科领域不限于一门，皆为文明开启以来，各时代、各国家、各民族的思想与文化精粹，代表着人类已经到达过的精神境界。丛书系统译介世界学术经典，引领时代思想，为本土原创学术的发展提供丰富的文化滋养，为推动中国现代学术和现代化进程做出了突出的贡献。

为纪念商务印书馆成立120周年，我们整体推出"汉译世界学术名著丛书"120年纪念版的珍藏本，寄望既利于文化积累，又便于研读查考，同时向长期支持丛书出版的译者、编者和读者致以敬意。

两甲子后的今天，商务印书馆又站在了一个新的历史时间节点上。我们不仅要铭记先辈的身影和足迹，更须让我们的步伐充满新的时代精神。这是商务人代代相传的事业，更是与国家和民族的命运始终紧密相连的事业。我们责无旁贷，必须做好我们这代人的传承与创造，让我们的努力和成果不仅凝聚成民族文化的记忆，还能成为后来人可以接续的事业。唯此，才能不负前贤，无愧来者。

商务印书馆编辑部

2017年10月

译　者　序

我翻译过不少东西，早期比较盲目，后来才逐渐明白翻译是怎么一回事。编译完《弗雷格哲学论著选辑》和《算术基础》之后，我就很少再做翻译工作了。我感到，作为研究者，不看论文是不行的，长期不看论文就废了，至少会落后。翻译一本二三百页的书，至少要用一两年的时间，太影响看论文了。割爱之后又会技痒，于是找一些合适的小书来翻译，零敲碎打，断断续续，最后校对通稿也容易些。奎因的《真之追求》、戴维森的《真与谓述》就是这样翻译出来的。

达米特（1925—2011）是英国著名哲学家，也是我最喜欢的几个哲学家之一。他前期的著作都很长，晚年却出了几本小书，比如《时间与过去》、《思想与实在》等。多年以前上海译文出版社的编辑张吉人先生让我推荐翻译选题，达米特的书我推荐了《语言哲学》和《分析哲学的起源》，结果吉人让我来翻译。推托不过，只得翻译了《分析哲学的起源》。因为这本书也不大，更有一份情感的记忆——1992 年我访问达米特时还曾获得他的签名赠书。吉人与我来往多年，知道我的想法，后又寄来《思想与实在》让我翻译，不过版权问题没有解决，所以初稿虽有，成书和出版却一直拖下来了。

在确知上海译文出版社不出此书后，几年前商务印书馆的编辑徐奕春先生把该书翻译作为选题上报，后因客观原因又耽搁下来，直到今年关群德编辑接手此事，我也抓紧完成了该译稿的收尾工作，将它以现在的样子呈现给读者。我想说的是，在中国出版界，有一些编辑一直是在踏踏实实从事学术出版工作，他们是令人尊敬的。

我和商务第一次打交道是在 20 世纪 80 年代初。我的第一本译著是 1990 年在商务出的，我的其他大部分译著也是在商务出的。本书大概会是我在商务出的最后一本译著。我对商务充满感激之情，与许多编辑成为好友。将来有机会，我一定会讲一讲我所认识的商务印书馆以及一些有意思的故事。

衷心感谢商务印书馆关群德编辑以及所有为出版本书付出辛劳的同志！

王　路

2019 年 12 月 26 日

目　　录

序

1996年,我应邀去圣安德鲁斯大学做几个吉福德(Gifford)讲座。当时我问是不是要求我出版它们。回答是:“不是要求,但通常都是这样做的。”我想好吧,这将是我退休以后做的一部分工作。我提前想象了退休以后的样子:那个时候我会是我自己的主人,自由地随自己选择的研究,按照自己选择的节奏来工作。结果我发现完全不是那么一回事。现在我已经退休13年了,才第一次感到我自由地在做我自己喜欢的工作。正像空间探索一直在观测的月球上和所有其他地球卫星上的环形山所表明的那样,这些物体一直受到空间中飞行的流星和飞石的轰击。我的经验是,一个退了休的学者就像一颗地球卫星:他受到邀请的轰击:“您可以为我正在编辑的关于……的一卷写一篇东西吗?”“我希望您将在某月某日来我们这里做一个讲座”,“如果您能够给我正在组织的关于……的会议提交一篇论文,我们将非常感兴趣。”每一个人都认为,“他现在退休了,他会有很多时间”。牛津大学确实不再理我了,自从我结束我的教学责任之后它对我再无任何要求;别处的人却不是这样。在这13年间我没有一刻不是在被迫写东西。我承认有些压力是自己强加的,比如写作《选举改革的原则》和出版英文版的《分析哲学的起源》。在这些工作中,最费事的是与我的合

作者麦克劳德（McLeod,J.）一起编辑《塔罗牌游戏史》（*History of Games Played with the Tarot Pack*）。我要衷心感谢麦克劳德和梅伦出版社，而且要特别感谢麦克劳德使该书得以出版。我曾提议我自己来写全书；如果我这样做了，那么至今我仍然会完成不了。
vi 让麦克劳德来帮助我，这真是一个聪明的想法，否则我无法向这么一位专家讨教那么多。

由于有这么多事情要做，所以直到现在我才能着手修订我在1996－1997年所做的吉福德讲座。我只稍微做了些修订。我主要是避免引入一些我现在持有而讲座时所没有的观点。第一章和第二章中有一些例外情况。我现在把如下两个问题看作是独立的：一个陈述句被说出时所表达的命题是不是依赖于说话的时间；应该还是不应该把时间指示词看作句子算子。在做吉福德讲座时，如同普赖尔一样，我认为这两个问题是交织在一起的。但是我现在认为很清楚的是，即使我们把“明天”这个副词看作一个算子（“明天情况将是这样的……”），我们仍然可自由地将一个在不同日子里说出的含有“明天”的句子看作是表达了不同的命题。此外，在做这些讲座的时候，我相信，说出一个句子时所表达的命题是不是依赖于说话的时间，乃是一个实质性的问题。现在我认为这是一个便利性的问题，非常倾向于对之做肯定的回答。我现在认为命题这个概念在一个意义理论中的作用没有我在做这些讲座时认为的那样大，并在第一章和第二章做了相应的修改。第八章也有一个变化，这里提一下。在做这些讲座时，我认为对于相信上帝的存在，相信上帝是一个理解实在整体的心灵，并以此将实在构造成如其所是那样，我给出了充分的理由。但那时我认为，为了论证上帝有一种意志，而这种意志或者是为我们的（即一种我们应该以如此这般方式行事的意志）或者是为他自己的，需要诉诸一些相当不同的考虑。现在我不再认为这需要求助相当不同的考虑，并且我在当下文本中解释了为什么不需要。

我推迟出版这些讲座还有第二个原因。有很长时间我对这些讲座中对于时间的处理感到不安。它们体现了我思考这个主题的 vii
一个过渡性阶段。我现在不再持有第五至七章表达的一些观点。人们很自然会问，既然我不再赞同讲座时的观点，为什么我现在照样发表它们。我确实犹豫了很久要不要这样做。我想过我应该修改它们以符合我后来逐渐形成的认识，但是我又放弃了，因为我不确信我所认识的东西。自从我以《真与过去》为题发表我的杜威讲座以来，我更加担忧我在吉福德讲座中对于时间的处理。我觉得，既然在杜威讲座中我已经着手修正我更早一些时候所表达的观点了，[①]那么或多或少按原样发表吉福德讲座就不必迟疑了。不管怎样，如果我确信我已经改进了早期的思想，为什么还要将这些早期思想发表呢？回答是：我不确信。所有问题就在于什么样的真之观念适合于一种有正当性论的意义理论。这个问题困扰我很多年。一度我曾相信，有正当性论者一定是一个关于过去的反实在论者。这是一个我总是感到不安的结论。吉福德讲座肯定地批驳了这一点。但是它们提出的真之构想在实在论的方向上并没有做出像杜威讲座所提出的那样令人信服的进步。所以，这两次系列

① 在我在《心灵》杂志上对皮科克（Peacocke，C.）的回应中还有进一步的修正（“The Justificationist's Response to a Realist”，*Mind*，114 July 2005，671－88）。

讲座提供了两种可能的真之构想,两种我希望我还是成功地比较清晰地阐述出来的构想。人们可以对它们做出选择。由于我确实不知道哪一种构想是正确的,所以我想,基本上如实出版我的吉福德讲座可能不会是没有助益的。

这两种真之构想之间有两个区别。在吉福德讲座中,一个命题仅在如下情况被看作是真的:一如我们现在或过去那样,我们现在或过去能够把它确立为成立的;我现在的观点则如在杜威讲座
viii 中所述,一个命题仅在如下情况下是真的:任何适当地处于时空中的人都能够或一直能够把它确立为成立的。这个区别有一个明显深远的结果:两个讲座相比,在杜威讲座构想下,会有多得多的命题被看作是真的。例如,一朵花的颜色一定是确定的,因为一个观看者一定会有这一点的证据,即便这样的证据是我们得不到的。第二个区别是,在吉福德讲座中,过去和未来没有被对称地处理,而在我现在的解释中,它们要被对称处理。这样我就不再相信实在是累积的。根据吉福德讲座所主张的观点,关于过去的命题是真的,如果在过去时刻有可得到的有利于它们的证据;但是关于未来的命题不被看作是真的,当且仅当在它们相关的时刻将会有(那)可得到的有利于它们的证据。相反,它们可能现在是真的或假的,如果有决定性的理由判断它们是真的或假的;如果不是这样,它们将缺少现在的真值,并将变为真的或假的,仅当达到它们与之相关的时刻。一般来说,一个命题变为真的,并因而最终陈述一个事实,仅当它的真之证据变为我们可得到的。在吉福德讲座中,我为自己以不对称的方式处理关于过去的命题和关于未来的命题的真做了辩护,我依据的理由是:关于过去的命题现在是真

的，如果它们现在是真的。这种观点凭借仅现在可得到的证据会导致一些令人讨厌的形而上学结论，而与关于未来的命题相关的二元观点不会导致这样的结论。

我现在认为，非对称地处理过去和将来是荒唐的。我现在相信，一个命题，无论是关于过去、未来还是现在，它是真的、无时间性的，仅当某个最适宜地处于时空中的人能够，或者说已经能够为认识到它是真的提供无可反驳的根据，也就是说，如果这样无可反驳的证据是或一直是他可得到的。我希望，我在杜威讲座中给出了采用我目前观点的理由，它比为了避免一种关于时间的不可接受的形而上学而需要的说明更加积极。 ix

根据一种有正当性论的观点，我必须强调，实在可能会有间断(gaps)，但是我们无法知道有。如果有，那么我以为上帝一定知道有，这样，神的逻辑很有可能如同我提议的，是一种三值逻辑而不是一种直觉主义逻辑。如果没有这样的间断，以至每一个可理解的问题都有一个回答，那么神的逻辑就是经典逻辑。在我看来，这似乎是一个令人满意的结论：经典逻辑学家推论，就好像他们是上帝那样推论；他们因而犯了自大傲慢的错误。我必须还强调，即使没有间断，诸如“这个距离精确地说是 3 π/4 米吗？”这样的问题也不会有回答；这样一个问题是不可理解的。

我对吉福德讲座的修改确实是轻微的。最初有四个讲座；我记不清我是不是额外还做了一个。如果我做了，我无法想象我是如何大体上把它充实到这些讲座的。我把这四次讲座都分为两章，因为阅读很长的一章乃是令读者气馁的事情。我认为我一定在一些地方扩充了这些讲座，尽管我现在记不得这样做了。

一些人读了我给出版社的手稿并做出有助益的评论，对此我表示感谢。使用双引号有两个目的：一个表示引号中的引号；一个表示奎因的准引号。

迈克尔·达米特

2005年7月11日于牛津

第一章　事实与命题 1

形而上学努力回答的根本问题是“那里是什么？”（“有什么？”）（What is there?），或者更说教式地表达，“实在是由什么构成的？”（Of what does reality consist?）。当然，形而上学旨在仅以最一般可能的话来回答这个问题；但是，什么是最一般可能的话呢？我们可能会想回答说，“它们是这样的，它们不要求以经验研究，不要求以对世界的观察来说明那里是什么。”但是，难道这实际上意味着形而上学家能够忽略自然科学——甚至物理学，即最一般的科学——对于实在所要说的所有事情吗？布罗德（C. D. Broad）在其《科学思想》一书中表达的一种观点认为，不仅当下存在，而且过去也存在，但是未来（只要它是未来，就）不存在。请考虑一个深受这种观点影响的人。因此在每一时刻，实在的整体上都要增加一层新的东西，即世界的一个时间截面。这里，毫无疑问有一个形而上学论题；尽管我们可能不同意这个论题，但是我们能够理解导致断定它的思想过程。那么，提出如下反对意见是不恰当的吗？即这样一个论题违反了狭义相对论，因为它假定当下时刻定义了一个独一无二的空间似的宇宙截面，这样就假定同时性是事件之间的绝对关系。为什么这样一种反对意见会是不恰当的呢？我们正在试图确定事情是什么样子的；如果一般接受的物理理论是真的，那 2

么提出必然是假的哲学理论又有什么用呢？

因此，难道我们应该说形而上学试图寻求说明实在特征所使用的一般话就是那些尊重世界的（一如科学所揭示的）**必然**特征，但是能够忽略或然特征的话吗？同时性是相对于一个参照框架的，这一点乃是时空结构内在的：它不是仅仅碰巧是这样而可能会不是这样的东西。只有在认识论意义上我们才能说，它可能会是绝对的：在那种意义上，“可能会是……”意味着，“对于我们在如此这样一个时间所知道的一切，它可能会变为……”。因此我们所考虑的是**形而上学的**必然性。

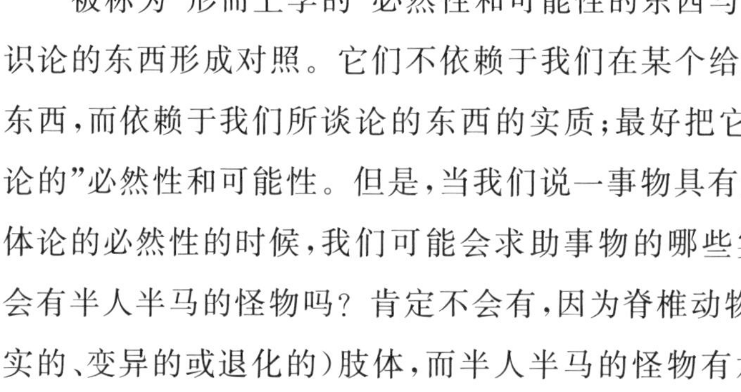

被称为“形而上学的”必然性和可能性的东西与各种各样的认识论的东西形成对照。它们不依赖于我们在某个给定时间知道的东西，而依赖于我们所谈论的东西的实质；最好把它们称为“本体论的”必然性和可能性。但是，当我们说一事物具有形而上学或本体论的必然性的时候，我们可能会求助事物的哪些实质呢？可能会有半人半马的怪物吗？肯定不会有，因为脊椎动物都有四个（现实的、变异的或退化的）肢体，而半人半马的怪物有六个肢体。有六个肢体是与脊椎动物的实质相反的吗？应该如何判定这样一个问题呢？对于是形而上学可能的东西，我们没有清晰的洞见。用“可能是”和“可能会是”来表达认识论可能的东西和本体论可能的东西，之间当然是有区别的；但是当以第二种方式使用这些模态表达式的时候，只有从上下文和说话者说的其它东西我们才能推测应该把什么看作是给定的。没有确定的原则支配我们必须把什么可能世界看作存在的。幸运的是，形而上学家们关于他们考虑哪些科学事实才是合适的一直没有什么分歧，或者说没有任

何分歧。

为了说明实在是由什么构成的，只说明世界有什么样的**对象**，什么构成了这样的对象的存在，乃是不够的。必须要说明什么样的事实是得到认可的，什么构成了它们的适用性。正如维特根斯 3
坦《逻辑哲学论》中的著名观察那样，“世界是事实的整体，而不是事物的整体”。

即使以最一般的话，我们又如何能够判定有什么事实呢？关于事实我们知道些什么呢？关于事实，有一件事情我们是知道的，即我们能够**陈述**它们。每当我们做出一个真陈述，我们就陈述某个事实。做出一个陈述就是用言语表述一个句子，使得这个言语表述可以被恰当地描述为真的或假的；至于它会被正确地描述为真的还是假的，这并不重要，重要的是它适合于回答“那是真的”或“那是假的”，因为某人若问“你能借我一把伞吗？”或“圣安德鲁斯大学有多少学生？”以这种方式来回答就会是不合适的。因此事实相应于真陈述：当我们知道一般哪些陈述是真的，我们就将知道一般有什么事实。

我们致力于试图澄清形而上学的根本问题，至此并不是试图回答它。然而我们尚未达到我们的目的。还没有哲学家建议把事实**等同于**真陈述，这主要是因为人们并没有认识到陈述是一种什么东西，也不怎么迫切地想达到任何这样一致的意见。陈述最多被看作是语言实体，比如被看作是直陈句，带有其中所含索引表达式和指示代词表达式的指称指派，或者被看作诸如以一个说话者和一个时间为索引的句子（无论那个说话者事实上在那个时间是不是说出那个句子）。如果这样考虑，陈述就是在一些特殊语言中

形成的，而事实可能是在许多语言中陈述的；这使真陈述不适合于是事实所是的东西。

这种考虑使人们更恰当地把事实等同于真**命题**，这里，“命题”这个词被理解为不是适用于直陈句，而是适用于直陈句所**表达**的东西。一个这样理解的命题不是在任何特殊语言中：同一个命题可能在许多不同的语言中表达出来，并且在同一种语言中以不同
4 的方式表达出来。愿意在这种意义上使用“命题”一词的哲学家实际上一致认为事实是真命题。但是，命题是非常难捉摸的哲学实体：与陈述相对照，发现命题这个概念非常有用的哲学家一直热切地表达他们关于命题是什么样的东西的意见，而且他们的意见一直是五花八门。

那么，陈述和命题之间的区别是什么呢？或者，做出一个陈述和表达一个命题之间的区别是什么呢？一种区别能够立即得出来。做出一个陈述就是承认某种东西，就是说，**断定**某种东西；但是你可以表达一个命题而不承认它的真，或者根本不承认任何东西。每当说出一个句子，就表达一个命题，它是这个句子的内容；但是说出这个句子不必带有弗雷格称之为“断定力”的东西。如果某个人未能到达，这时你说，“要么他的火车晚点了，要么他没有赶上火车”，那么你并没有断定火车晚点了；但是你表达了火车晚点了这个命题。在这种情况下，尽管你没有断定那个命题，你却断定了某种东西，即发生了这样那样的不顺利的事情。但是假定你在听一个哲学讲座，讲演者说：“变化是一种幻觉。”你自言自语重复这个句子“变化是一种幻觉”，因而思考它但不是同意它。现在，你表达了变化是一种幻觉这个句子，但不是在断定任何东西的过程

之中。

哲学家关于命题是一种什么样的东西有五花八门的看法，因此，假定事实是真命题，哲学家关于事实是一种什么样的东西就有五花八门的看法。一些像伯特兰·罗素这样的哲学家认为，一个命题与之相联系的对象——那些在一个句子中提到对象，而该句子的言语表述表达了那个命题——是这个命题的实际构成成分；另一些哲学家强烈地否认这一点。具有前一种倾向的哲学家趋于把命题看作是这样的：至少当它们是真的并以此构成事实的时候，它们是外部实在的构成物，它们是这些构成物的构成成分的对象。具有对立倾向的哲学家确实不是把命题看作实在所包含的东西， 5
而是把它们看作一个相当特殊的实在区域的东西。一位具有第二种趋向的哲学家是弗雷格，他不谈论命题，而是谈论思想，然而，他否认思想是在任何人心灵的内容之中：我们把握思想，但是它们是我们之外的，而不是作为我们的心灵图像在我们心灵之内。在弗雷格看来，思想属于一个特殊的实在领域，他把这个领域称为“涵义领域”，并把它与“所指领域”区别开。所指领域包含我们的思想与之相联系的东西和使它们为真或假的东西：所有我们能够谈论或思考的东西。在构成言语表述的词（这些词组合形成该言语表述所表达的思想）的涵义和这些词的所指之间，对于弗雷格而言存在一种绝对的区别。在涵义*领域*和所指*领域*之间不能是这样，因为我们毕竟能够谈论词的涵义和句子所表达的思想；因此涵义领域一定是所指领域的一个区域。但是，当我们谈论词的涵义时，我们并不*表达*这些涵义；确切地说，我们*指称*它们，而且我们这样做的时候还可能使用了表达相当不同涵义的词。毕达哥拉斯定理是

一个命题——用弗雷格的话说是一个思想。但是“毕达哥拉斯定理”这些词却不表达这个思想；它们只用来命名它。

在关于事实和命题是什么这些大相径庭的意见面前，初看之下，把事实等同于真命题似乎对我们的形而上学探索没有什么帮助。但是反思使人们想到并非如此。我们首要关心的不是发现事实是什么样的东西，而是一般有什么事实。即使我们不确定命题是不是包含它们与之相关的对象，或者它们是不是实在的构成物，当我们把我们的问题还原为一般有什么真命题这个问题的时候，我们也沿着我们的途径走了一小步。确实，为了这个目的，我们不
6 需要知道事实是否是真命题：知道它们与真命题至少是一一对应的就够了。

在哲学中常常出现这样的情况：当我们沿着一条路线向前探索的时候，我们遇到一个陡峭泥泞的斜坡。我们可能决定跳过去，在我们的主路上继续前进；但是我们也可能换一种方式，让自己顺着斜坡溜到沟底，然后攀登翻越它再继续前进。眼下的研究也是这样。即使我们要知道的乃是一般有什么事实，难道我们实际上能够忽略关于事实实质——它们的本体论状态，用哲学家的行话说——的问题吗？因为我们面临一个我们几乎不能回避的问题。这个问题是这样的。如果事实不是实在的构成物，则没有问题。但是如果事实是实在的构成物，那么我们一定不能包括如下事实，即这种构成物存在于要描述实在特征的事实之中吗？对这个问题的回答可能会是“不：因为事实不存在，它们是认可的”。但是这个回答似乎是一个诡辩。在许多认可的事实中，有一个事实是爱丁堡比圣安德鲁斯的人口多。如果没有这样的事实，这样一个事实

如何能够被认可，或者是众所周知的呢？说有双星就是说双星存在；因此，说有如此这般一个事实同样是说这个事实存在。一个事实除非存在，否则它就不能被认可，而且一个事实除非被认可，否则它就不能存在：这不过是一种习惯表达，根据它，我们说事实被认可，以此表达事实的存在。

但是，现在把事实的存在看作是一个*附加*在事实本身之上的事实，这是正确的吗？这肯定是一种重复。比如，在中国是一个共产党国家这个事实之外还有一个另外的事实，即中国是一个共产党国家这个事实存在或被认可吗？有中国是一个共产党国家这样一个事实与中国是一个共产党国家这个事实难道不是*相同*的事实吗？维特根斯坦毕竟没有只是说实在是由有什么事实*决定*的，情况无疑是这样，他说的是实在——世界——是由事实*构成*的。根据这种观点，并非外部世界除一只鸟栖息在一个树杈以外，还包含一只鸟栖息在一个树杈上这个事实；确切地说，外部实在包含的是 7
一只鸟栖息在一个树杈上，而且这就*是*有关的事实。

这种看法初看是有吸引力的。世界不是由简单的对象构成的，而是由处于相互联系的对象构成的，即由栖息在树杈上的鸟这样的对象的复杂情况构成的；而且这些就是我们称之为事实的东西，它们使我们的陈述成为真的或假的。但是经过思考会看出，这种看法与事实的*一般性*发生冲突。外在世界对象什么样的复杂情况构成没有鸟栖息在某个特定树杈上这个事实，而且这与构成既没有鸟也没有松鼠栖息在那个树杈上这个事实的复杂情况又是如何区别的呢？什么样的复杂情况实际上是那个树杈上从未有一只与现在在那里的那只鸟不同的鸟呢？一只鸟栖息在这棵桉树的一

个树杈上这个事实肯定是与一只欧椋鸟栖息在这棵树的一个树杈上这个事实不同的事实，因为一个人可能知道前者而不知道后者——除非事实确实不是我们知道的东西（命题也不是我们相信的东西）。因此，这二者都不能是与一只鸟栖息在这棵树的一个树杈上这个事实相同的事实；然而，假定所有这些都是事实，而且各个事实中所牵涉的是同一棵树的同一个树杈，那么什么在世界中存在并且含有鸟、树和树杈作构成成分的不同复杂情况能构成这三个不同的事实呢？

这种考虑驱使我们修正一种看法，这种看法把世界看作仅由原子事实构成的，如同维特根斯坦在《逻辑哲学论》主张的那样。根据这种观点，复杂情况的事实，无论一般性的程度如何，都仅仅是原子事实的真值函数构成，它们无助于构成实在。

原子命题的真或假会构成形成世界的原子事实，而识别原子命题似乎又是不可能的，这一点阻断了逃脱这个困境的道路：确实，正是这个困难说服维特根斯坦放弃了他在《逻辑哲学论》中提
8 出的观点。我们当然能够区别任何给定语言中的原子句和复合句：原子句是不明显含有任何逻辑算子的句子。但是这种区别过分依赖于语言恰巧拥有的词汇：它不是用来区别原子命题和复合命题的。一个原子命题应该由一个原子句表达，而原子句不含任何不是概念上复合的表达式，也就是说，它不含任何能够以先于它而理解的表达式来定义的表达式；但是可定义性非常显著地依赖于引入表达式的次序的偶然情况。由于“直的”这个形容词能够被定义为“既非弯的也非曲的”或定义为“形成两端点间最短路径”，我们就应该把它看作是概念上复合的吗？或者，“直的”是概念上

简单的，而“曲的”是概念上复合的吗？“平坦”是简单的，而“崎岖”由于意味着“不平坦”而是复合的吗？或者是反过来那样吗？“男孩”和“女孩”由于能够分别被定义为“男性儿童”和“女性儿童”而是复合的吗？显然，这些问题没有答案：关于简单命题，没有一个有效的概念。

因此，似乎必须抛弃关于事实是外在实在构成物的看法。弗雷格持另一种观点，认为事实尽管是真正的实体，却待在一个相当特殊的实在区域，如果我们采纳这种观点，我们又会遇到什么情况呢？

弗雷格的第三领域，即涵义领域，由于有命题或思想的构成涵
义，因而也包含命题或思想，不管它们是真的还是假的。依据事物
在所指领域——它们恰巧所处于的任何实在区域——所是的方
式，命题或思想被说成是真的或假的。根据弗雷格的观点，任何关
于整个实在实质的恰当说明都必须承认这个第三领域和它的居住
者的存在。但是这幅图画难道没有牵涉到前面相同的重复吗？难
道我们不能像前面那样论证说，中国是一个共产党国家这个事实
的存在与中国是一个共产党国家这个事实乃是相同的事实，因此
不应该把这个事实的存在与这个事实本身一道列举出来作为一个
关于世界的事实吗？这个论证这一次不带有与前面论证相同的分 9
量。根据弗雷格的看法，中国是一个共产党国家这个*思想*（命题）
确实是一个能够与中国是一个共产党国家这个事实一道列举出来
的事实；但是这个思想的存在并非相当于它的真——有真思想，也
有假思想。相比之下，这个思想的*真*不应该与这个有关中国的事
实一道列举出来。它仅仅*是*事实——事实是真思想。中国是一个

共产党国家乃是真的这个思想与中国是一个共产党国家这个思想乃是相同的思想。

认为或说一个思想是真的，并不使它成为真的；这不过是怀有或表达了这个思想。根据弗雷格对这个问题的看法，一个思想的真对这个思想依然是外在的。如果它是真的，那么使它为真的东西乃是外在世界，即所指领域中的某种东西；但是它的真却不是它的一种特征，因为它是在这个第三领域之中，就像使火星成为距太阳的第四颗行星的并不是火星本身内在的东西，而是水星、金星和地球的存在和运行轨道，而且没有其它任何行星拥有比火星与太阳更近的运行轨道。弗雷格的看法并不产生我们在罗素或维特根斯坦的看法下所陷入的困境。

但是，命题（弗雷格的思想）确实是实在的构成物吗？它们栖息于实在的一个特殊的非物质区域，独立于我们是否把握或拥有它们，要判断它们是真的还是假的吗？认为它们是这样的东西诱使我们把它们，还有我们的词和短语的涵义看作构成了我们的言语表述与我们所谈论的外部世界的构成物的中间站：我们针对这些涵义，而它们又把我们带到物理世界中与它们相联系的所指物。但是这幅图画是谬误的。它忽略了指称某物（我们使用一个表达式来指称这个东西，而这个表达式的涵义决定这种指称）和表达一种涵义或思想的区别。假定了从言语表述到外部实在的构成物这
10 样一幅两阶段行程的图画，这种区别可能会是什么呢？在思想或言语中，不指称一个命题，我们怎么能把它与第三领域的其它命题分辨开来呢？我们不是通过指称一个女人才把她与其他女人分辨开来的吗？这幅图画把涵义处理为一个中途站，乃是错误的。我

们使用或理解词，这种使用或理解最后要决定语词所指的任何特征都是它们涵义的构成成分。涵义不是这个路途上的一个站：它是这个路途。

这并不是要否认，我们能够表达思想和它们的构成涵义，也能够指称它们，因而它们是所指的可能对象这种意义上的对象。然而，它们是什么乃是能够被把握和表达的，而且以此能够被交流的。这样就需要解释一下，在任何给定语言中，句子如何表达思想：我们如何把握我们听到或读到的一个句子表达的是什么思想，我们如何知道怎样构造一个句子来表达一个我们想传达的思想。很明显，这依赖于有一些系统的原则，它们支配复合涵义的表达，并且最终支配以句子表达完整的思想；我们遵循这样的原则，尽管我们还远没有拥有对它们完全清晰的表述。弗雷格是关于这样的原则构造一个有道理的理论——意义理论，即一种关于人类语言如何起作用的理论——的第一人。如果我们有这样一个令人满意的理论，我们就有所需要的对涵义的全部解释。弗雷格相信他需要设定第三领域来捍卫思想的客观性和它们对于不同个体的可理解性；但是正像维特根斯坦教导我们的那样，这些东西是由一个事实充分保证的，这个事实是：一种语言的使用乃是一种由许多说这种语言的人学会从事的共同实践。

在弗雷格的晚年，实在在他看来分为三个领域。第一个是我们都居住的外部物理世界；第二个包含着我们各自都拥有并且只能与他人不完善交流的感觉活动和精神表象的内在世界；第三个是思想及其构成涵义的第三领域，我们借助语言都能把握和相互 11
交流它们。（要是在早期阶段，弗雷格大概会加上由基数、实数和

复数这样的客观抽象对象居住的算术世界。)弗雷格对思想的客观性印象深刻,他相信我们人类只能把握以语词或符号表达的思想:它们不仅能够完整地由一个人传达给另一个人,而且能够以不同的语言表达出来。不同语言能够相互翻译,这确实是一个重要事实,因为游戏就不能。什么样的棋子运行相应于桥牌技法,这样问是没有意义的;但是我们确实问:“匈牙利语(Farsi,Tamil)的‘肥皂’是什么?”游戏没有超出自身的目的;语言是工具。由此自然可以随着弗雷格得出结论,语言用来所表达的命题独立于我们借以表达它们的特殊手段而存在。

然而,这是得不出来的;个别语言的正确的意义理论的共同结构表明,为什么语言一定是相互可翻译的。我们拒绝了外部实在是由事实构成,即由真命题构成的这种观点。我们也拒绝相信弗雷格的第三领域,但是我们仍然可能把事实看作是真命题。命题不是外部实在中发现的物质的或非物质的对象。它们是从所有人类都从事的使用语言的实践中抽象出来的实体。“从……抽象出来”这个短语不是指十九世纪许许多多哲学家和数学家所相信的那种无视具体对象特征的抽象心灵过程。这确实是一种形成概念的过程,但是一种逻辑过程,而不是心灵过程。它类似于数学中熟悉的构成等价类的活动,但是它不必等同于它。

所有愿意使用“命题”这个词的哲学家都同意,相同的命题能够以不同的方式来表达,尤其是以不同的语言来表达。既然事实
12 是真命题,不同言语表述所表达的命题被等同起来或区别开来的方式就与它们是真的时所陈述的事实的特征有关。根据阿瑟·普赖尔,一个像“圣安德鲁斯在下雨”这样的句子,每当说出来的时

候，都表达相同的命题。由于这样一个言语表述会在此时真而在彼时假，普赖尔的观点就隐含着，一个命题可能在一些时候是真的，而在另一些时候是假的。相应地，一个事实可能在某个特定时候被认可，后来又不能被认可，再到后来最终仍然又被认可。与此相反，弗雷格认为，他称之为思想的东西必然绝对是真的或假的，与什么时候、由什么人表达它没有关系。由此得出，“圣安德鲁斯在下雨”这个句子根据说出它的时间而表达出不同的思想或命题。由于事实等同于真命题，因而命题这个概念与形而上学联系在一起，所以普赖尔与弗雷格的分歧不仅仅是关于逻辑的分歧：这是一种关于实在本身的特征的分歧。它包含短暂的、不连续的事态吗？或者它本身是不变的，由阐述不涉及时间进程而存在的永恒事实的命题最忠实描述的吗？

这里有两个可以分开的问题。弗雷格认为，一个句子的唯一时间指示词若是索引的（比如动词的时态或一个像“明天”这样的副词），那么它表达什么思想就依赖于说出它的时间；普赖尔认为这不过是有如下结果：所表达的命题有一个随时间而变化的真值。这是第一个问题。第二个问题是我们应该如何解释时间指示词，不管是索引式的还是其它式的。它们占据谓词暗中带有的自变元的位置，而这些谓词乃是报导事件或可变事态的句子的谓词吗？或者，一如戴维森会表述的那样，这些谓词适用于一个涵盖事件和事态的约束变元吗？或者，它们是普赖尔相信的那样的算子吗？第一个问题明确与那些言语表述表达相同的命题有关。如果我们
否认言语表述的时间会决定所表达的命题，我们就没有选择，而只 13
有认为“圣安德鲁斯在下雨”这个句子每当说出来的时候都表达相

同的命题。但是第二个问题没有提到命题。如果我们把时间词处理为算子,与模态算子相类似,那么我们必须问它们作用于什么。回答一定是,它们作用于现在时的句子,现在时这种时态被处理为无时间的,除非不出现指示词。“圣安德鲁斯明天将下雨”这个句子将被解释为“明天将是圣安德鲁斯在下雨这种情况”。这样,现在时的句子是我们的句子算子应用的单位。但是没有必要把这样的单位看作是每当说出来(至少在它们不含有像“这里”和“我”这样的地点或人称索引词的情况下)就表达了相同的命题。如果我们愿意,我们仍然能够遵循弗雷格,把言语表述的时间看作是有助于使表达了什么命题确定下来。

第二章　语义学和形而上学 14

什么能够判定时间指示词的逻辑范畴这样的问题呢——它们是多元谓词的自变元还是句子算子？这种判定将决定我们采取的语义理论的形态：该理论说明如何根据陈述构成表达式的组合来确定陈述是真的或假的。但是这也与我们接受的形而上学有关——我们对实在机制的看法。在普赖尔看来，实在是无常的。它含有在此时成立而后在彼时不再成立的事实。哪个依赖于哪个——语义学依赖于形而上学，还是形而上学依赖于语义学呢？我们是先必须对于形而上学的问题打定主意，然后再根据答案形成我们的语义学吗？这是哲学家们常常遵循的策略；但这是一个被误导的错误。它是被误导的，因为这样我们就没有办法判定形而上学的问题。我们能够借助什么手段来确定实在的一般特征，同时又不提及我们认为适合于实在的命题的特征呢？

我们确实有办法解决应该采用什么语义理论这个问题，另一方面又不用诉诸任何居先的形而上学判断。因为一个语义理论若是可接受的，就必须通过大量各种各样的检验。首先，它自身必须是一个融贯的理论；而且鉴于如此复杂的问题，这个检验绝不是可 15
以忽视的。其次，它必须至少大体上为我们的陈述提供*合理的*真值条件，即这样一些条件，我们依据我们对语言的理解，承认在这

些条件下那些陈述实际上会是正确的。第三,它必须使人们能够提供一种似乎有道理的解释,说明一个说话者理解他的语言的语词、短语和句子归根结底是怎么一回事。理解一个表达式就是知道它是什么意思,就是说,把握它的意义。一种语义理论主要是说明,语言表达式有它们具有的意义乃是什么意思。因此它应该使人们可以说明,什么东西构成了某个人把握这些意义;如果它不能提供这样一种说明,或者它提出一种不能令人信服的说明,它就未能完成一种语义理论的核心任务之一。还有第四,假定了能够基于这种语义理论而构造的对理解的说明,人们就一定可以理解,我们最终如何会获得这样一种对我们语言的理解。这些是要通过的严格检验,而且是这样的检验,一种给定的语义理论是不是通过它们,绝不是一目了然的。

因此,我们的形而上学应该是由我们的语义理论确定的。在任何语义理论中,某种特殊的语言条款将被该理论处理为它的**基本单位**。这些基本单位将必然是类型句子,无论是一种自然语言的还是这样一种语言的,这种语言的组建方式是将其句子表达为适合于逻辑处理的标准化形式。人们有一种强烈的倾向,要么把基本单位本身等同于类型句子,要么把基本单位等同于在特定假设的场合或实际场合说出的,即等同于表达命题的东西。为了任何给定的语义理论的目的,句子将是被该理论选为其基本单位的东西。该理论将把一种特定的**语义值**指派给基本单位,根据这种语义值,所有最终构成句子或基本单位的子句表达式的语义值将
16 得到定义:它们的值将由它们为确定任何(它们是其构成部分的)基本单位的语义值做出的贡献所构成,并且不由任何与形成这样

的贡献不相关的东西所构成。这种理论将解释一个基本单位的构成物的语义值是如何组合起来，从而确立整个语义值的；这样它将能行地表明句子的意义是如何由其构成决定的。基本单位将被分为原子单位和复合单位，前者的构成中不包含逻辑算子，后者则包含逻辑算子。因此基本单位将也是逻辑运算适用的语言单位，无论是原子的还是业已复合的：正是这样的逻辑运算使我们能够从简单句形成复合句。

首先，这些运算是句子的否定、合取、析取和条件式运算，再加上其它任何运算，比如语义理论所允许的以“必然”和“可能”表达的模态式运算。第二类逻辑运算当然是人们借以表达一般性的量化。例如，普赖尔以现在时类型句作他的基本单位，因为他把过去时和现在时，以及其它明确说明时间的方式看作是句子算子，从而论证说，只有这样才能接纳将来完成时（will have）和过去将来时（was going to）这样的复合时态。他假定基本单位必须是表达命题的东西，因而导致如下结论：像“圣安德鲁斯正在下雨”这样一个句子，每次被说出的时候，一定表达相同的命题。但是我们已经看到，这个结论是得不出来的。时态指称是通过句子算子实现的，这一点绝不蕴涵着所指的时间与所表达的命题是不相关的。（除非我们的逻辑是 S_5，否则这种类似就不能说明模态陈述。）无论“明天”是一个自变元、一个谓词，还是一个算子，我们都可以自由地考虑，说出一个含有它的句子表达了什么命题要依赖于说出这个句子的那一天。

判定什么时候两个言语表述表达相同的命题，这一点的重要 17
性是什么呢？我们已经看到，我们的形而上学应该是由我们的语

义理论决定的。但是眼下的这个问题不依赖于我们的语义理论。真这个概念属于语义学,因为真毕竟是一个有效的演绎推理一定要保留的东西。但是命题这个概念不属于语义学。语义学决定两个句子是不是表达相同的涵义;它也决定哪些表达式是索引式的。但是它不需要以命题这个概念来运作。看上去,如果这不是隔断语义学与形而上学的联系,也是削弱了这种联系:如果世界是事实的整体,而事实是真命题,那么一个不采用命题这个概念的理论与实在的结构又有什么关系呢?

一种语义理论只适用于一种语言。如果这种理论是正确的,那么它那具有形而上学含义的特征就是一般的特征,这些一般特征一定被一种适用于其它任何语言的正确的语义理论所分享。例如,每一种语言一定有某种方式标示出什么时候发生一个被叙述的事件,或者什么时候任何被报道的事态得到认可;因此一项关于应该如何解释时间指示词的建议必须适用于适合所有语言的语义理论。如果人类只有一种语言(一如在通天塔之前),那么说实在是由那些陈述是真的而决定的也就足够了;不同陈述可能表达相同的命题,这一点就会是无关紧要的。用“命题”替代“陈述”乃是承认,有许多语言,但是实在的结构不依赖于我们考虑其中哪一种语言。“命题”这个词是一个艺术性术语;但是我们在日常言语中采用这个概念。假定菲利普对我说“恐怕伯特伦不喜欢你”。我可能回答说“昨天我说了相同的事情”,如果我那时说的是“Bertram ne m'aime pas”(“伯特伦不喜欢我”)的话。应该承认,我们可能在不同的意义上使用“相同的事情”这个短语。如果我今天说“今夜
18 将有雷暴雨”,菲利普可能会回答说“你昨天说了相同的事情”,如

果我昨天说的是“今夜将有雷暴雨”的话。对于普赖尔来说，我昨天确实表达了与我今天表达的相同的命题。他这样想是不是对的，这里难道没有真的问题吗？

没有。我们希望命题是陈述句的言语表述所表达的东西，但是是在不同语言中可表达的并且是相同语言中以不同句子可表达的东西。它们可能是真的或假的，而且我们可能把事实当作真命题。如果实在一定是由有什么事实决定，那么认为事实时而存在时而不存在，一会儿被认可一会儿又不再被认可，就会很不方便；因此，命题这个更有用的概念就是依赖于言语表述的时间的。变化是不是在实在中出现，或者实在本身是不是变化，乃是能够独立讨论的，与我们是像普赖尔那样识别命题还是像弗雷格识别思想那样识别命题没有关系。

这是一个不可否认的形而上学问题。如果它不取决于言语表述的时间是不是最终决定表达了什么命题，那么它与什么语义分歧相联系呢？很明显，变化在实在中出现；如果需要见证的话，那么说“现在比昨天冷得多”乃是真的所依据的任何场合都是变化的见证。

但是实在本身变化吗？这能是什么意思呢？如果当下论(presentism)是正确的，这似乎就会是真的。当下论是这样一种学说：除了适合于当下时刻的东西，是没有任何东西的，根本就没有任何东西的。但是当下是变化的，一秒一秒地变化。例如，在过去的一瞬间，花园里的这只鸟停止了歌唱，而在某个遥远的星系一颗超新星发出的光现在离我们近了一光秒。这样，根据当下论的观点，随着当下在发生变化，实在也与它一道在变化。

或者，这是当下论者的观点吗？如果**当下论**是正确的，现在就不会有任何过去或任何未来，这样，我们关于已经发生或将要发生的事情所说或所想的任何东西，也就不会是真的或假的了。如果
19 情况是这样，我们甚至不能说当下在变化，因为这要求事物现在与它们在一定时间以前是不一样的。

当下论者可能反驳说，根据其现实意义所理解的关于过去和未来的陈述只是由处于当下的东西——我们的记忆和我们看作过去痕迹的东西，还有趋向某种结果的倾向——被说成是真的或假的。如果这就是事情昨天或一秒钟以前是什么样子这种说法的意思，那么当下确实在变化，而且与它一道实在也在变化。

我们可能说当下论者是错误的：关于过去或未来的陈述**不**是由处于当下的东西而被说成是真的或假的。而且在形而上学的分歧背后有什么语义分歧，现在是非常清楚的。为了把它表达出来，我们不需要祈求命题这个概念：真和假这两个概念就足够了。人们当然可能会基于与当下论不同的立场坚持实在是变化的这个论题：比如，人们可能会坚持认为，整个时空，以及它包含的所有东西，乃是永久存在的，然而一道现实的移动光束稳定地穿越它的一个时间截面。但是这，而且还有所有其它变化过程，都会有一个语义基础。

这样一来，当下论就一定会要求一种抛弃二值原则的语义学：如果关于过去和关于未来的陈述可以仅仅基于当下的证据和当下的标示而被评价为真的或假的，那么就无法保证人们有根据和理由来判断任意一个这类陈述具有这个或那个真值。拥护第二种看法，即关于现实光束的看法的人会自然接受缺少索引表达式（包括

有时态意义的动词）的陈述的二值，并且把一种真值条件语义学应
用于这样的陈述。他大概会把含有索引表达式的句子看作是形成
这样的陈述，它们在任何被说出的场合同样确定地要么是真的要
么是假的；索引表达式的所指将根据对说话者的识别和该言语表 20
述成为现实的时间的识别而固定下来。这两种观点都与第一章提
到的狭义相对论有某种冲突，因为它们假定同时性是绝对的。但
是它们适于说明不同的形而上学看法如何以不同的语义理论反映
出来，并且更一般地说，如何以不同的意义理论反映出来。

但是，如何能够有理由把我们的形而上学基于我们的语义学呢？我们谈论实在，但是我们又认为，实在独立于我们和我们关于实在所说的东西而存在，那么我们如何能够通过研究我们借以谈论实在的语言结构来达到关于实在的正确看法呢？纯粹的语言与实在又能有什么关系呢？

回答取决于我们恰恰认为语言有多么纯粹。关于思想和语言在解释次序，甚至在获知次序的相对在先性，有两种对立的哲学观点。我们可以称一派为语言派。根据这一派，我们获得把握和接纳思想的能力，至少是把握和接纳具有不是相当低层次复杂性的思想，这与我们获得以语言表达这些思想的能力是并行的：正是**通过**学习表达和交流思想，我们最终才领悟我们这样表达的思想。一种更适度的有关“语言”观点的说法关于我们获得这些能力的次序依然是不可知论的，但却同意，把握思想的能力**能够**通过学习表达这些思想而获得，而不用先已能够接纳它们，而且这种说法认为，达到对我们思想结构和我们对思想的把握的描述，唯一可行的手段就在于分析我们语言的句子结构和这些句子的表达力，而不

预设究竟什么是把握它们表达的思想。

对立的学派包括可称之为“思想哲学家”的人。这一派坚持认为，对于缺乏语言者来说，接纳我们具有的思想和把握我们所把握
21 的概念，原则上是可能的，而且从哲学上说明这些思想的结构和什么构成对它们的把握，而不提及语言上表达它们的手段，同样原则上是可能的。相应地，对这些思想哲学家来说，一种关于语言意义的理论可以合法地预设说语言的人一方把握可以用语言表达的思想和概念，而且作为一种理论假定，它预设了一种对究竟什么是把握这些思想和概念的哲学理解：这样，若是把他们与语言哲学家相比较，那么构造一种意义理论立即是一项更加容易和不太重要的任务。思想哲学家的观点是由弗雷格暗示出来的，因为他写道，假定一些动物能够把握与我们相同的思想，同时又不需要以语词或符号把它们包裹起来，这没有什么不协调一致的；然而，他强调，**我们**不是这样的东西。

在这一争论中，我本人强烈地支持语言派，而且我在本章后面还要解释我这样做的理由之一。然而，对于我们眼下的目的，这两派哪一派是有道理的并不怎么重要。思想哲学需要有一种理论在它里面占据一种地位，这就是一种语义理论在一种关于语言如何起作用的哲学说明中所占据的位置。正像句子有结构，是由语词构成的，而语词本身又组合形成子结构一样，思想也有结构，是由概念构成的，而概念本身又组合形成概念构成的复合物。一种思想哲学必须解释一个思想有它具有的内容是什么意思，一如一种意义理论必须解释一个句子有它具有的意义是什么意思；而且它必须解释内容是如何被以思想的构成概念所形成的思想的内在结

构决定的。这可能被称为思想哲学的结构层面；而我关于语义理论所说的绝大部分都将适合于这样一种结构层面。它也必须承认某种一般类型的思想是它的基本理论单位；它也必须首先区别原 22
子单位和复合单位。为了眼下的目的，我们不必判定是思想还是语言在解释次序中具有优先性。

这种回答会使一些人感到满意，使这些人感到不安的只是这样一种显著作用：在探索实在的一般特征时要与语言相一致；但是这个回答不会使另一些人感到满意，使这些人感到不安的是这样一种作用：要与人类思想相符合，无论这思想是不是以语言表达的。为什么我们应该假定，通过考虑*我们*关于实在能够思考些什么，我们能够达到任何有关实在本身的实质有效的结论呢？实在无疑一定是一种非常广博的东西，远远超出我们关于它所能够形成的狭隘而且肯定是扭曲了的图画。这是一种虚假的对立。我们可以把一幅关于某物的图画与这幅画所表现的东西进行比较，并且判断这种表现的忠实程度是多少。但是我们这样就不是在把一幅画与一幅画进行比较，即不是把一个关于这幅有形图画的心灵图画与一个关于这幅有形图画所表现的东西的心灵图画进行比较。根据后一种看法，我们永远封闭在一个图画世界里，从不能直接面对这些图画与之相关的实在；但是如果这实际上是我们的命运，我们就不会有权谈论任何这样的实在，也不会弄明白对它的谈论，因为我们不能形成关于它的看法，而且即使我们能够考虑它，我们也无法发现关于它的任何东西。如果我们像我们对实在的领悟那样把它错误地表现为不过是一幅图画，那么如其自身所是的、我们认为自己只是有一幅关于它的图画的实在，就是一种仅仅通

过类比而投射的看法。它与实在的关系一定就像我们领悟的那样，一如一个现实的风景与一幅画出来的风景的关系。我们知道什么是看一个现实的风景；但是一种我们从不能领悟的实在（因为任何对它的领悟一定不过是一幅图画）乃是使类比超出极限而产生的一种幻象。

当然，这并不是要否认我们总是不断努力地改正我们关于世界的信念。科学、历史和哲学，实际上所有类型的理性努力，都加
23 入到这个过程。几百年来，我们取得了巨大的进步。我们以真思想，或者以更为接近真的思想取代了假思想；我们以知识，或者至少以不太错误的信念取代了假信念：但是留给我们的依然是这样的思想，无论如何至少目前我们判断它们是真的。就我们对世界的领悟和我们能够达到的领悟而言，世界是我们居住的世界；我们不能领悟的东西，我们就无法有意义地谈论。询问实在的特征，我们实际上是在询问我们所居住的世界的特征；谈论一个超出我们这个世界并且实际上把它囊括进来的世界，不过是采用了一种缺乏任何清晰涵义的语词。实在是由有什么事实构成的，而事实这个概念是**我们**构造起来的概念。我们能够构想的事实只是这样一些事实，它们使我们的信念和其它我们可能最终形成的信念成为真的或假的。因此，探究有什么事实就是探究我们能够把握的什么思想是真的：不仅是我们现在把握的思想，而且是我们有能力把握并且可能以后把握的思想。形而上学对回答这个问题所能做的贡献具有最高层次的一般性：它与命题的实质有关，并且与什么构成命题的真有关。其它形式的理性探究所追求的是确定**哪些**命题是真的。形而上学追求的是确定它们是真的乃是什么意思。能够

这样做的唯一方式就是澄清命题的实质，即澄清我们能够思考的思想的实质。

在日常生活的过程，包括理性发现的过程中，对处于这些过程的人来说，我们知道如何以我们的语言来操作，因而如何以我们用语言表达的思想来操作。但是我们就像战斗中的士兵，知道必须做什么，却不知道一般正在进行的是什么：对于我们语言的运作或我们思想的完整内容，我们并不拥有一种清晰的看法。哲学磕磕绊绊地、追从了许多错误引导而为之努力的，正是这样一种清晰的看法。

命题是由思想过程把握并以语言表达的。但是难道实在不会
有一些方面是在我们把握或表达的能力之外吗？难道不会有一些 24
命题，而且其中有一些是真命题，因而有一些事实，它们是我们的语言不能表达而且是我们的心灵不能把握的吗？肯定有一些命题是我们*现在*不能把握或表达的。因为有一些命题我们现在能够把握和表达，但是在我们历史上的早些时候，我们不仅没有把握也没有表达它们，而且那时*不能*把握或表达它们，是因为它们牵涉到一些概念，我们那时还没有这些概念，它们是后来才被引入、传达和得到解释的。将一个真正的新概念——不能直接以我们已拥有的概念来定义的概念——的表达引入的过程是一个令人困惑的过程，它值得详细研究；但是有这样一个过程却是几乎不可否认的。新概念是以语言解释的，然而是以缺乏定义的方式解释的。无论怎么迂回，它们在语言中都不可能像实际上在做出解释之间那样表达的。

因此在这种意义上，否认有我们现在不能把握或表达的命题，

因而也否认有我们现在不能把握或表达的事实,就不会是有正当性的。由于同样的原因,否认有我们**绝不能**把握或表达的命题,因而也否认有我们**绝不能**把握或表达的事实,就会是没有正当性的:因为没有理由说,我们将或迟或早把握我们原则上能够把握的每一个概念,而且如果给了我们恰当的解释,我们就应该把握每一个概念。一种语言可被看作包含能够以它表达的所有东西,包括只有借助该语言已有的表达式可定义的新词才能清楚表达的东西。一种扩展的看法会认为,一种语言包含任何可以借助能够以现在构成的语言用法所解释的(尽管恰当地说不是定义了的)词来表达的东西。在这种扩展的意义上,我们必须把我们使用的语言中任何可表达的东西算作命题。

25 但是,作为其心灵能力即使无限发挥也会受到限制的人,难道不可能有一些命题,因而有一些关于世界的事实,我们原则上永远也不能把握,因此不能表达吗?如果有,我们当然一点也不能表示出它们可能会是什么:但是排除它们存在的可能性难道不会有些傲慢和专横了吗?我们不能说我们不能说的东西,因此我们不能思考我们不能说的东西。或者更恰当地说,我们不能思考我们不能思考的东西,因此我们不能说我们不能思考的东西。

但是也没有不可表达的东西吗?然而,说有我们原则上不能表达的事实,这能是什么**意思**呢?说有我们甚至在扩展的意义上也不能表达的事实,这能是什么意思呢?什么会阻碍我们表达这样的事实呢?是我们心灵的局限性吗?或者,是我们语言的局限性吗?如果我们在这种扩展的意义上理解我们的语言范围,那么它**有**局限性乃是不清楚的。任何真正的概念一定能够被解释,即使解释本身会要求先解释其它一些我们当下不熟悉的概念，并且会极大地扩展我们的概念储备。而且如果是这样，我们的语言就会借助这样的解释而被扩张，从而能够表达牵涉到那个概念的命题。

因此也许正是由于我们心灵的局限性，我们受到阻碍，不能理解这样的解释，因而不能把握这样一个概念。谈论我们心灵的局限性，听上去很谦卑：但是这种谦卑是针对谁的呢？看来似乎只会是针对其它**可能的**造物：因为我们是我们有些了解的唯一的能够思维的造物。也许这种说法过强：鸟和哺乳动物，也许甚至爬行动物，就没有某一种思想，某一类知识吗？我们不必在这里探究这个问题，只要指出一点就够了：人们可能会说这样的动物有一幅它们周围环境的图画（如果是迁徙的鸟，这幅图画还可能是相当广阔 26
的），但是人们不能说它们有，或者甚至追求一幅**世界**的图画，即关于整个实在的图画。无论对仅仅可能的东西表现出集体的谦卑是不是一种真正的美德，傲慢绝不是一种逻辑堕落：坚持某个特定的论题乃是傲慢的，但是这不表明它是假的或者甚至是未必确实的。我们对于实在的许多特征肯定是无知的，而且实际上我们可能甚至从来也无法成功地把握其中的一些特征是什么：但是人们还没有提出任何证明来表明，有一些实在的特征是我们原则上永远也不能领会的。

难道这不是维特根斯坦在《逻辑哲学论》中写下“**我的语言的界线**意味着我的世界的界线”时提出来的东西吗？也许不完全准确；他在那一段考虑的不是**我们**的世界的界线，而是**我**的世界的界线。而且从我们目前的观点来看，所有人类都居住在同一个世界

上。即便如此，难道不能说我们的语言的界线意味着我们的世界的界线吗？

但是，也许我们的集体谦卑并不是针对其它造物的。大预言家以赛亚写道：主说，“因为我的思想不是你的思想，你的方式也不是我的方式。”“因为天比地高，因此我的方式比你的方式高，而且我的思想比你的思想高。”难道就没有一些思想是上帝有的，一些事实是上帝知道的，而我们却不能理解或领会吗？否认这一点，这种傲慢难道不会相当于一种逻辑错误吗？

整个问题是深刻的。眼下让我们把它放在一边，在后面的章节里再重新考虑它。现在我们要问的是，我以什么理由为了赞同对我们的世界的关注而拒绝对我的世界的关注呢？有一种意义无疑是可以接受的，即我们每一个人都生活在自己的私人世界里。但这不是与我们任何一个人可得到什么思想或我们任何一个人知道什么东西相关的“世界”的涵义。人是理性动物：而这意味着能够具有一种高层次思想的动物。观察、实验和思辨可能使我们能
27 够对于马、狗和大象这样的动物所具有的思想，对于它们如何获得形成思想的能力形成看法；但是我们有能力拥有我们所拥有的思想却紧密地依赖于我们与他人的相互作用。正是这种相互作用使我们成为人；没有它，我们就会缺少把理性动物与其它动物区别开来的特征，即我们由于从事高层次思想活动而展示出来的特征。狼孩，即在狼群中长大的孩子绝不能形成成为一个真正的人所需要的适应性。使我们能够拥有我们所拥有的思想的东西是我们表达它们的能力；获得像我们思维那样的能力和掌握我们借以表达思想和向他人传达思想的诸多语言之一，乃是同一个过程。语言

本质上是一种公共实践，而且各种语言都是经过长期的历史过程形成的：我们谈话的能力，因而我们实际那样的思维的能力，要归功于我们童年时期周围那些人，而且最终要归功于在我出生之前早已去世的祖先。

例如，请考虑一个非常根本的概念，即记忆概念。不参照语言的使用，就不能以实在论的方式来描述获得这一概念的过程；确实，不能以其它方式想象它。初步把握过去时的用法先于获得记忆这个概念。父母用过去时对孩子说他刚刚看到的事情，比如，“那只鸟飞走了”，“露西摔倒了”；然后说不久前发生的事情，比如，“苏姗阿姨昨天给你的那个可爱的娃娃在哪里呢？”它们依赖于孩子记住有关的事件，然而他不知道什么是记住某事情。当孩子的表达式形式存储中有了过去时，他将自发地报告记忆。他也自发地报告他做的梦。记忆这个概念和做梦这个概念的形成依赖于成年人对这两类报告做出的不同反应。对于明显是梦的报告，他们的反应是使他确信实际上没有发生这样的事情：他们要说清楚，他 28
们不是在指责他做了一个梦，而且他们要把“梦”这个词给他，让他在报告这样的事情时使用。但是，随着能够区别对错，孩子学着把记忆的报告与梦的报告区别开：当他的记忆报告被告知是正确的，他得到称赞，而当它们被告知是错的，他得到纠正。他懂得了它们对他人是一种信息来源，他人可能会把它们与他们从其它来源知道的一些事实结合起来形成一段复杂的叙述。他懂得了并非他关于发生的事情所知道的东西都算记忆，比如，如果他被别人告知了这件事，他知道的就不算是记忆：他的报告要构成一个记忆，这样构成一个信息来源，他就必须亲自目睹那个事件。没有别人给予

的这种引导和指导，他有可能会构成一些与我们的记忆概念和梦的概念近似的东西；但是它们充其量只会是我们所采用的这些概念的粗糙笨拙的仿制品。

对于语言是这样，对于知识同样是这样，因此对于思想亦是如此。一个没有语言的动物可能会教自己的幼仔许多本领；它不能教它们事实，尽管它能够引导它们注意一些事实。但是，如果我们必须要发现我们自己知道的所有事情，那么任何一个人所具备的知识我们应该具备多少呢？我们的知识大都是由我们阅读的东西或他人口头告诉我们的东西而形成的：我们的知识，因此我们关于世界的图画，非常依赖于通常可得到的知识存储。既作为思想者也作为认知者，我们完全依赖于与我们属于同类的其他人：我们任何一个人所居住的世界都不是他的世界，而是我们的世界。我们是个体，同样也是社会的成员：我们不过就是个体，但恰恰是这样的个体。

第三章　真与意义 29

把事实等同于真命题的不只是我们前面拒斥的那一派认为事实是外部实在构成物的哲学家。把事实等同于真命题可能反而表达了对事实是实在构成物这种看法的抛弃。如同我们看到的那样，弗雷格把他称之为“思想”的命题归于一个特殊领域，即涵义的领域：对于他来说，思想是句子的**涵义**，或者更准确地说，是句子特定的言语表述的**涵义**；一个含有“这里”、“昨天”、“我”等等这样的索引词或“这”、“那些”之类指示表达式的句子的一个特定言语表述的涵义，不仅是由这些语词决定的，而且是由该言语表述的情况决定的。但是他认为事实是真思想。对他来说，这是一种方式，以此可以阐明，事实**不**属于所指领域，也就是说，不属于任何这样的实在区域，它们是我们所谈论的，并且它们适于使我们所说的东西成为真的或假的；弗雷格想有一些办法接纳事实这个概念，同时又不把实在看作是由这样一些复合物组成的，它们构成了使特定命题为真的东西。事实是真命题，而且实在——我们所谈论的实在——是由事实组成的，这样说暗含着外部实在包含一些有资格为真的东西。然而对于弗雷格来说，有意义的是只认为一种非常特殊的事物，一种居住在一个特殊领域里的非物质实体，即一个思 30
想才有真或假。因此他的答案是把事实等同于真思想，这样就使

事实能够在他的本体论（他那份有关世界上有什么的目录）中占有一席之地，但只是涵义领域之内的一席之地。

这样，那些在哲学话语中愿意使用“事实”和“命题”这两个词的哲学家几乎一致同意事实是真命题，那些由于这样那样的原因而不赞成这样等同的哲学家则一致认为，事实即使不**是**真命题，无论如何它们也**符合**真命题。我在前面论证过命题这个概念不属于语义学。但是言语表述的内容这个概念确实属于语义学，这里，内容是听者在接受说出的陈述为真（无论它是不是像阐述的那样）时相信的东西。使语义学与形而上学连接起来的桥梁因而依赖于两个支柱，即如此理解的**内容**这个概念，还有**真**这个概念。我们对内容这个概念已经有所注意，它有些近似于命题这个概念。现在我们必须更仔细地考察真这个概念。

弗雷格写道：“我称之为思想的东西与真最密切地联系在一起”；而且在他看来，思想是句子的**涵义**。罗素写了一本书叫《意义与真之探究》。自弗雷格以来，经过罗素和戴维森，一直到埃文斯和麦克道尔，大多数哲学家（确实不是所有哲学家）认识到了真与意义这两个概念之间“最紧密的联系”。这种联系是什么呢？那么，**除了**与意义这个概念相联系，我们如何能够说明真这个概念呢？假定我们试图说明真，把它作为句子或句子的言语表述的一种性质，同时又不把这些句子的意义看作是给定的。我们怎么能这样做呢？如果我们不假定我们知道某个给定的句子的意义，我们怎么能说明这个句子是真的究竟是什么意思呢？对这个问题，支持常常被称为真之“极小论”的说明的人有一个回答。他们的回答是，
31 “为了解释‘真的’这个词的含义，你不需要能够说明，对任何

给定的句子 S，S 是真的究竟是什么意思；你只需要明确说明其它任何适于把真赋予 S 的句子，比如 T 的含义。而且这样做很简单：T 这样一个句子与 S 恰恰有相同的含义。”但是假定 S 缺少含义；例如，S 是这样一个句子：“The toves gimbled in the wabe”。① 极小论者回答说：“在这种情况下，T 将同样会没有含义。”但是，T 可能是“约翰今天在午餐时说的第一件事情完全是真的”；这怎么会没有含义呢？毫无疑问，它可能会是假的；既然我们现在假定 S 是约翰在午餐时说的第一件事情，那么 T 肯定是假的，因为一个没有涵义的句子不能“完全是真的”；但是 T 纯然是有意义的，而且人们很容易想象出一些情况，在这些情况下，它会是真的。

如果极小论者说，并非 T 有与 S 相同的含义，而仅仅是它有相同的真值，那么就有可能逃脱这一困境。但是，既然 S 是没有涵义的，它就会既不是真的，也不是假的，而既然 S 不是真的，T 就必然肯定不过是假的：终究还是没有避免这个困境。无论如何，这个修正的说明似乎是循环的。“有相同的真值”意谓“要么都是真的要么都是假的”。然而，极小论者是在声称要对“真的”这个词提供一种解释；但是这种修正的说法以“真的”和“假的”这两个词解释了那个形容词。显然，在解释“真的”这个词意谓什么的过程中是不能允许使用“真的”这个词的。

极小论者也许能够摆脱这个困难，也许不能：追踪反对极小论的意见不是我的目的。清楚的是，对于各种各样的极小论者来说，

① 这个句子中的“toves”、“gimbled”和“wabe”这三个词都是生造的，因此这句话的含义是无法理解的。——译注

对任何给定的句子，在知道它的意义之前，确定不了它是真的乃是什么意思。一旦知道了一个句子的意义，我们确实就能够说明这个句子是真的乃是什么意思：但是，即使给出了意义，仍然不会有诸如任何任意的句子是真的乃是什么意思这样的东西。极小论的说明确实认识到意义与真之间一种紧密的联系。如果世界中的事
32 物会是不同的，那么一个（不是以前提到的）句子 S 就会是假的，而如果世界中的事物如同事物所是那样，这个句子就是真的：不过，它的真之**条件**会是不变的。但是，如果 S 有一种不同的意义，那么它是真的之条件就会是不同的，反之，如果 S 是真的之条件会是不同的，那么它就会有一种不同的意义：意义与真之条件是紧密联系的。然而，根据极小论者关于真是句子性质的说明，真这个概念在解释意义的过程中可以是没有用的。根据这样一种说明，你只有知道一个句子的意义是什么，才能知道这个句子是真的之条件。因此，对它的意义是什么，以及对它有那种意义乃是什么意思的解释方式，一定是不诉诸该句子是真的这一观念的。

现在，假定我们采用这个相反的策略，把对真这个概念的解释当作是在关于意义的说明之后。这再次意味着，一般来说，任何关于意义是什么的说明，或者特殊地说，任何关于我们所想象的真所归属的句子意义的说明，可以说都是不诉诸句子是真的这一观念而给定的，因为解释这个观念要假定我们已经知道意义是什么和这些特定的句子的意义是什么。任何关于真的说明如果不是把真看作句子和句子的言语表述的性质，而是看作**命题**的性质，则都与这种模式相一致。这是因为，知道一个句子的言语表述表达什么命题就是知道这个言语表述的意义是什么，或者至少知道它的意

义的很大一部分构成。这样的理论多种多样:古典的真之理论,比如符合论和融贯论,都把真看作是命题的性质,因此预设了意义是先于真和假这两个概念而给定的。然而,采用这种相反的策略,即把关于意义的哲学说明看作是先于关于真这个概念的说明,并不必然认为真是命题的一种性质:它既然与认为真是句子或句子的言语表述的一种性质乃是一致的,但是它要求我们在解释真这个概念的时候,把真所适用的句子的意义,并且把关于句子拥有它们 33
所拥有的意义乃是什么意思的说明,看作是给定的。

遵循这种相反的策略而达到的一种关于真的解释是不是会把真与意义表现为相互紧密联系在一起,将依赖于这种解释所采取的形式。确定的是,如同借助这种对立的策略所达到的解释一样,它将要求我们形成一种不诉诸真这个概念的意义说明。

把意义看作(在解释的次序上)先于真,这样的理论的一种特殊说法是另一种形式的极小论理论:根据这种极小论理论,真是命题的一种性质,并且是由一条原则解释的:真对任何一个命题的归属与这个命题乃是等价的。对于这种招牌的极小论来说,把真归属于 the toves gimbled in the wabe 这个命题或者归属于由"The toves gimbled in the wabe"这个句子所表达的命题,乃是不困难的:根本没有这样的命题,因此说这个命题是真的就如同说法国国王是秃子。

根据这种极小论的说法,真与意义之间也有一种紧密的联系,在这种情况下则是真这个概念和命题这个概念之间有一种紧密的联系。但是如果 P 是英国选举制度将在未来 100 年不变这个命题,而且 P 是弗莱切在午餐时表达的第一个命题,那么弗莱切在午餐时表达的第一个命题是真的这个命题 Q 就适于把真归属于 P。然而,很难相信 Q 与 P 就是相同的命题。因为很容易想象一些假设的情况,在这些情况下,Q 是假的而 P 是真的。和前面一样,下面的做法无法避免这种困难,即修正极小论的解释,从而阐明真对任何给定命题的归属与那个命题有相同的真值。因为这又会是一种循环的解释。

其他哲学家一定会认为真是命题的性质,而不是句子的性质。
34 他们是思想哲学家:在他们那里,不假定意义是先于真这个概念而给定的,因为他们不关注句子这样的语言实体,因此也不关注语言的意义。然而,他们却不能没有真这个概念。至关重要的是我们判断命题是正确的,或者拒绝它们,或者只是考虑它们能够是真的并且能够是假的:除非思想哲学允许一个命题是真的占有一席之地并且说明它是真的究竟是什么意思,否则它就不会值得我们认真关注。

在思想哲学中,有一个观念起着类似于意义这一观念在语言哲学中所起的作用,它就是思想内容这一观念。(这一观念与语言的言语表述的内容这一观念当然是不同的。)区别在于,一个句子和它的意义之间有明显的区别,并且在同一种语言或不同语言中,两个不同的句子可能有相同的意义,而在一个命题和它的内容之间却不能做出区别;任何两个不同的命题都不能有相同的内容。然而,除了这一点,就真这个概念在一个正确理论中的地位而言,语言哲学和思想哲学之间却有这种相关的不折不扣的对应性。关于真在思想哲学中的地位,又有三种可能的立场。首先,人们可能认为,真与内容必须一起解释:就是说,解释一个命题是真的乃是

什么意思，解释什么把一个命题所具有的内容赋予该命题，这是同一个理论的两部分，不能相互分开。其次，人们可能认为，对一个命题是真的一般**条件**的表述能够先于并且独立于关于什么决定一个命题内容的说明。最后，人们可能认为，一种关于内容的说明不需要诉诸真这个概念，但可能在解释这个概念之前被给出。既然这种对应得到认可，为了我们的目的，我们就不需要单独注意在思想哲学中所表现出来的那样的真：如果我们要这样做，我们只会是 35
否定我们的讨论。

所有这些的要点在于，如果我们试图在解释意义是什么之前先解释真这个概念，或者先解释意义，然后再说明某物是真的乃是什么意思，那么我们满脑子想的都会是不用诉诸真这个概念来说明意义。如果我们试图用极小论的策略来解释真，这样“真的”这个词被还原为一种设施，它适于以一个显然是对句子的言语表述的陈述来替换这个句子的言语表述，或者以一个显然是关于命题的陈述来替换这个命题的表达，那么情况也是这样。但是，为什么不诉诸真这个概念而给出关于意义的解释会是困难的呢？好吧，直觉上明显的是，真与意义这两个概念是相互密切联系在一起的。如果不是这样，那么一个真的言语表述可能会是假的，而意义依然如旧，而且一个真命题会是假的，尽管它的内容保持不变。但是，言语表述的意义若是不变，它的真之条件就不可能会是不同的，而且一个命题的真之条件不可能是不同的，因为如果不同，它就会是一个不同的命题。意义与真之条件必然一起变化。如果两个人关于所有相关情况和所有相关考虑真正达成一致，并且一致认为这些是决定性的，但是，一个人仍然判断某个特定的陈述是真的，另一个

人判断它是假的，那么他们一定把不同的意义指派给了这个陈述。如果意义与真乃是作为一个完整的复杂理论的一部分一起解释的，那么就必须说明它们之间的联系，要么通过解释意义，要么通过解释真；而如果不诉诸真这个概念来解释意义，这是不容易做的。

在我所使用的意义这个表达式的意义上，关于意义的哲学解释是什么呢？它是与一个词和一个言语表述的日常解释非常不同
36 的东西。日常的解释只是我们对具有“这个词意谓什么？”（这个词是什么意思？）或“他意谓什么？”（他是什么意思？）这种形式的问题的回答。我们回答这样的问题，通常是给出一个等价表达式或一个在上下文中等价的句子：字典对其所列的词几乎都是这样做的。这类回答预设了提问者理解“意谓”这个动词：它们不说明什么构成了这个词或什么构成了言语表述意谓它所意谓的东西，而只是阐明它意谓的是什么。但是一种关于意义的哲学解释并不预设关于意义是什么的在先理解：它试图对一个根本不懂这个概念的人解释意义是什么。在设计这样一种解释的时候，语言哲学家并非假定他的读者缺乏对“意谓”这个动词的日常理解；他只是认为他们对它的理解纯粹是**含蓄的**，因而使他们不能完全**说明**一个词或一个句子有意义究竟是什么意思。语言哲学家非常想达到的——任何哲学家必定非常想达到的——是对这种理解做出完全明确的说明。

但是，我们怎么能有可能说明，**一般来说**，一个词有意义乃是什么意思？语词的意义多种多样，它们以各种各样的方式为含有它们的句子的意义做出贡献，这是常有的事情。我们希望能够做的至多是区别语词的不同**类型**，并且说明这些不同类型的语词的一种类型的一个词有一种适合于这一类型的词的意义乃是什么意

思。在这样做的时候，我们将被迫谈论一个具有各类型的词对一个含有它的句子的意义所做的贡献：一如弗雷格的著名论述：“只有在一个句子的上下文中一个词才有意义。”因此我们的任务就是要说明，一般来说，一个句子有明确的意义乃是什么意思。

一个人若是对一个句子的言语表述有意义乃是什么意思感到困惑，他就对什么是语言感到困惑。他有一种语言，并且知道如何使用它，但是他不知道，在他知道如何使用语言这一点上，他知道的是什么。因为一个句子有意义就是它的一个言语表述有特定的含义；而且一个句子的言语表述有特定的含义就是，除了这些声音 37
的纯物理效应外，它对随后发生的事情产生一种影响，至少是一种潜在的影响。它若不是**语言**的一部分，它就会仅仅有那些纯物理效应；因此，为了理解它的含义，我们就必须知道语言是什么，以那种语言说话如何能够有它所产生的效应。

这样，一种对语言意义的哲学说明就必须采纳如下形式的对语言的哲学说明：我们不得不寻求对某物是一种语言乃是什么意思的解释，这意味着要解释语言在使用语言的人的生活中如何起作用。一种完满的解释必须不假定任何东西。我们这些正在试图构造这样一种解释的人已经拥有一种语言。我们不是站在火星人的立场上观看人类并试图达到一种解释言语现象及书写和印刷现象的理论。我们配备有大量与我们的语言使用相关的概念：比如下面这些概念，讲事情、说事情，谈论事情，问问题、回答问题、否认、收回意见、陈述、断定、意谓本身，以及其它许多诸如此类的概念。拥有这些概念将引导我们构造我们关于语言如何起作用的解释；我们不必努力去获得它们，而火星人若是没有类似于人类语言

这样的相互交际手段,他们就会不得不努力这样做。但是,我们不能用这些概念来构造我们的解释,否则就会发生循环:我们不能想当然地假定对这些概念的含蓄把握,因为如果我们的解释是要清楚地说明我们已经知道的东西,同时我们又不能说我们知道的是什么,那么这些概念就属于必须要得到明确说明的东西。我们的地位与想象的火星人不同,他们试图领会我们已含蓄领会的东西。但是,只有我们最终构造的说明是这样一种说明——如果能够把它传达给火星人,则它会使火星人满意,我们才能成功地完成我们
38 的任务;而这就要求我们不应该采用这样的概念,它们只是对已有与我们的语言类似的语言的人才是明白可理解的。

真这个概念本身又如何呢? 或者,真和假这两个概念又如何呢? 在我们关于语言的哲学说明中,使用它或它们是合法的吗? 这取决于我们看待我们的任务的角度。真乃是所说的东西,即言语表述的一种性质:这样看,它是一个可应用于语言物件的观念。但是,它也是命题和信念的一种性质;如果我们认为命题是信念的对象,即被相信的东西,那么说它是“命题的”性质就足够了。因此,如果我们从思想哲学家的角度看待我们的任务,我们就完全可以把真和假这两个概念看作是先于我们关于语言的说明而给定的,因为我们假定自己先就装备有关于思想和有思想乃是什么意思的说明,而且真和假这两个概念必然已经被解释为可用于思想。但是,如果我们从语言学哲学家的角度看待我们的任务,我们就不应该相信自己先已拥有了任何关于思想的说明,因此我们不应该认为我们完全可以利用真和假这两个概念,同时不提供对它们的解释。因为在这种情况下,我们关于语言的哲学说明将是通往我

们关于思想的哲学说明的途径。我们将寻求以对词的使用和意义的掌握来解释对概念的把握，以我们对一个句子的言语表述意谓什么的理解来解释对一个命题的把握。

由于同样的原因，作为语言哲学家，我们必须避免诉诸任何这样的概念，对它们的把握依赖于对真假概念的把握。这类概念包括那些相信某物是如此这般的和希望某物是如此这般的概念。如果某个人以断定的方式说出“那片地里有美洲驼”这个句子，它的含义被解释为向听者表示说话者的意图是使他认为说话者相信那片地里有美洲驼，那么这是思想哲学家可以得到的一种分析，但是，如果没有大量预先的解释，这就不是语言哲学家可以得到的一
种分析。这个人只有先解释了把握那片地里有美洲驼这个思想乃 39
是什么意思，认为那个思想是真的乃是什么意思，他才能假定人们知道相信那片地里有美洲驼乃是什么意思；而且他通过以下解释来建议人们这样做，即解释“那片地里有美洲驼”这个句子的意义，知道这个句子意谓的东西乃是什么意思，这个句子是真的乃是什么意思。他若是以这种想象的方式解释这个句子的言语表述的意义，他就会是在兜圈子。

解释语言如何起作用，要求我们明确说明，对于语言中每一个可能的句子而言，某个人在任何给定的情况下说出这个句子对随后发生的事情潜在地会有什么影响。我们怎么能够有可能做到这一点呢？简单的建议会是这样的：对该语言的各个句子，找出一些种类的语境，列出在其各类语境中说出它时的含义。一些句子的言语表述在不同语境中会有不同的含义；然而另一些句子在同样的语境中会是歧义的，因而可能有截然不同的含义。这种看法被

决定性地推翻了。

我们不可能列出自然语言中，确实值得称之为语言的东西中可能会形成的所有句子，因为任何语言的句子都不会是有穷的：语言中可构造的句子将是无穷多可能的。因此，为了构造一种穷尽的描述，涵盖所有那些无穷多可能的句子，我们必须降至句子层次以下的一个层次，即降至形成句子的要素——词。一种语言在任何一个时刻，都有一个仅仅有穷的词汇表，否则一部综合性词典就会无穷长。词是语义原子。说出的词确实是由音素组成的，写下的词是由字母组成的；但是它们的意义一般来说不是由它们的构成决定的：说出的“word”（词）一词不与“herd”（畜群）分享它的意
40 义的构成成分，[①]写下的“word”（词）一词也不与“lord”（君主）分享它的意义的构成成分。[②] 词的语义原子性有一些明显的例外，在这种程度上，我们需要认识到一种划分为词的原则，它与排印工人遵循的原则不同。如果你理解“well”（好）这个形容词的相关涵义，而且你熟悉“un-”（不）这个前缀，[③]你就能够说出“unwell”（不好）这个词是什么意思；因此为了语义的目的，这个前缀必须被当作一个词，即使它从来不是单独写下的。形成过去时的“-ed”这个词尾也是同样。[④] 确实，一个语义单位不必有一致的语音或字法

① 英文“word”这个词中的“or”和“herd”这个词中的“er”发音相同，因而“ord”和“erd”发音相同。——译注

② 在英文，“ord”是“word”和“lord”这两个词的共同构成成分。——译注

③ 在英文中，“un”是附加词头，加在形容词前，表示否定。——译注

④ 在英文中，“-ed”是附加词尾，一般加在规则动词的后面，表示过去时或过去分词的形式。——译注

形式。一个说“I bringed it”(我拿它过来的)的孩子并没有犯语义错误,他只是犯了一个句法错误,[1]因为他没有认识到“to bring”与“to bang”以不同的方式变型;这里相关的语义单位是一个抽象的单位(过去时)。因此,我们不得不明确说明语言的词的意义,即语言的语义原子的意义。

这种必要性不仅从语言产生无穷多句子的能力产生,而且从需要对理解说话的人所拥有的语言给出一种实在论的说明产生。我们理解我们听见和读到的句子,因为我们理解构成它们的词和把这些放在一起所依据的原则。更严格地说,这是因为我们以这种方式理解句子,即语言能够产生无穷多句子。依然存在的问题是,解释任何一个词的意义必须依据它在句子中潜在的出现,就是说,必须把它解释为对决定任何这样一个句子的含义所做的贡献;因为,词是语义原子,句子仍然是首要的语义单位,这里的意思是指可以借以说任何东西的最小的语言单位。(在一些语言语境中,尤其是在回答问题的时候,语词序列可以是在语法学家的意义上“理解”的,从而它可以比如通过说出一个单个的词而形成一个陈述:在回答“剩下多少小面包?”时,说“两个”就相当于说“剩下两个 41
小面包”。若是强调这一点,就会有必要明确说明一些词或短语,它们在给定的情况下被当作相当于句子,它们乃是可借以说任何东西的最小单位。但是,这是回应遁词时的一种修正。)

对一个词的意义的解释必须明确说明它对含有它的句子的含

[1] 在英文中,“bring”是不规则动词,它的过去时形式不是简单地加上词尾“-ed”,而是“brought”。——译注

义的贡献；而且在它有一个单独意义的范围内，这种贡献对于许许多多这样不同的句子一定都是相同的。许多词有一系列相联系的意义，字典会列出它们不同的涵义；但是许多词——例如“goat”（山羊）和“nettle”（荨麻）这两个词——只有一个单一的意义，它们对所有含它们的句子的意义必然做出相同的贡献。但是，如果一个言语表述的含义能够如此多样，我们怎么能解释这一点呢？我说“请把我介绍给你的兄弟”，以此我让某人做某事；我说“要么他是你的兄弟，要么他不是”，以此我试图引诱他对我说实话；我说“我再也不与我的兄弟说话了”，以此我宣布我的意图。显然，在所有这些句子中，“兄弟”这个词的意义是相同的，在其中任何一个，它都不是在转义的意义上使用的，不像在“所有人都是兄弟”中那样。然而，对于做所有这些不同的事情，怎么能有一种一致的贡献呢？

弗雷格摆脱这种困境所采取的第一步是区别句子意义的三种成分：涵义、力和调。他没有用单独一个词表示一般的“语言意义”；但是他所区别的这三个特征都属于必须要领会的东西，如果应该完全理解一个言语表述的话。弗雷格首先观察到，一个陈述句和相应的疑问句形式（以此我们可能问一个问题，其回答则会是“是”或“不”），分享它们意义的一种共同成分：他称它为它们的**涵义**。这两种句子都表达出获得了同一种可能的事物状态：它们的
42 区别只在于，就其本身的言语表述而言，陈述句将适于**陈述**那种事物状态被认可，疑问句将适于**问**它是否被认可。对相关事物状态的明确说明乃是这两种句子共同的**涵义**：它们共同表达的乃是命题，或用弗雷格的话说，乃是思想。区别它们的是附加给它们的

力：一方附加的是断定力，另一方附加的是疑问力。不同的力通常由这两种句子句法形式之间的区别显示出来。这并不是说陈述句总是有一种附加给它的断定力；只有在起一个完整句子的作用的时候，它才有这样一种力。当它是一个复合句的一部分时，比如它是一个条件句的前件，它就没有附加给它的力；因为力只能附加给完整的句子，而不能附加给一个形成一个更长句子一部分的句子。例如，如果我说“如果斯蒂芬是菲利普的兄弟，那么他们之间有过争吵吗？”，那么疑问力是附加在整个句子上的，其中的从句既没有附加疑问力，也没有附加断定力。因为我既不是在问斯蒂芬是不是菲利普的兄弟，也不是在断定斯蒂芬是菲利普的兄弟。带有合取词“和”和“但是”的句子，比如“理查德来了，但是简来了吗？”，明显是例外的情况。发生这样的情况是因为说出一个带有这两个合取支的句子等价于把这两个结合起来的从句作为独立的句子说出来。

语言意义剩下来的构成部分，即调，乃是一个大杂烩。弗雷格只把与句子表达的思想的真或假有关系的东西看作是句子涵义的一部分。凡是既不决定其如此说明的涵义，也不决定它所附加的力的东西，他都看作属于它的“调”。例如，如果有人说“这位上校的父亲死了”，而其他某个人说“这位上校的父亲亡了”，他们选择词的差别不影响他们所说的东西的真或假；因此这里意义的区别是调的区别，而不是涵义的区别。再比如，用弗雷格自己的一个例子，如果某个人说“他还没有到呢”，那么他是在表达这样一个思 43
想：所说的这个人在说话时还没有到达，简单地说“他没有到呢”也可以表达这句话。“还”这个词只适于传达（而没有阐述）说话者期

待他不久会到，而且很有可能希望他仍然将会到来，因此它也是只对调做出贡献，而不是对涵义做出贡献。

弗雷格明确拒绝把命令句或祈使句看作是表达思想的。但是后来的作家把他关于涵义和力的区别应用于它们，把它们当作表达思想或命题必须拥有的东西，如果命令得到了遵守或愿望被满足的话。这样扩展以后，弗雷格关于语言意义的三元分类第一次使我们有望把句子的构成词对句子意义所做的贡献系统化。实际上，它只提供了业已呈现给我们的希望。人们对它进行了低劣的批评，但是没有人提出其它任何策略使我们获得有关句子的意义如何由其构成所决定的说明。这个理论需要某种修正。调这个大杂烩范畴迫切需要进一步的区别。而且力这个概念向我们呈现了不容易解决的问题。理解某人说什么的困难并不是都能诉诸某种建立的约定来解决的。我们问一些问题，比如“他到底是什么意思?”“那与它有什么关系呢?”“那段话的要点是什么呢?”这些问题有如下一般形式:“他那时为什么说那话呢?”它们涉及说话者说他说的话的**意图**。这里，“他说的话”这个短语的涵义通常包含这个言语表述的力:我们是在问这个说话者为什么做出这个断定或问这个问题。理解另一个人常常是推测他的深层意图的问题;而这并不是正在说的语言所预先提供的东西或它特有的东西，而是一个关于语言行为的非语言问题。感知一个说话者的意图恰恰是一种感知某人做出了一种行为时的意图的特殊情况。这与弗雷格以
44 “力”所意谓的东西之间的区别原则上是清楚的:实际上，知道如何划出它们之间的界线常常是很难的。在某种程度上，这是因为在使用语言的时候，如同在其它许多事情上一样，我们相互模仿。一

种常常重复的实践什么时候变成了一种约定,说明这一点乃是很难的。然而,这些是细节,尽管是重要的细节:一般来说,弗雷格提示了我们需要采用的策略,这是不能怀疑的。

45 第四章　真之条件语义学

只有在把语言意义分成可区别的组成部分，比如像弗雷格把语言意义分为涵义、力和调这一背景下，什么是明确说明语言中的特定语词、表达式和句子的涵义的无可置疑最通行的方法才变得可以理解。这就是明确说明它们决定了各个句子（或对它的一个特定的言语表述）是真的之条件。又是弗雷格为这样一种意义理论设计出第一个清清楚楚表达出来的看法。根据他的说明，一个语义值（我用这个表达替换弗雷格使用的 Bedeutung［意谓］这个有些产生混乱的术语）与各个单一的逻辑词或表达式联系在一起。一个短语的构成部分的语义值组合起来决定该短语的语义值；一个句子的构成部分的语义值旨在组合起来决定该句子的一个值，即**真的**或**假的**。这个真值是整个句子的语义值。这样，以最简单的类型为例，一个专名的语义值是一个对象，一个一元谓词的语义值是一个从对象到真值的函数；由把这个专名插入这个谓词的变元位置而得到的句子将有一个函数值作它的真值，而这个函数值是这个谓词对一个作为自变元的对象的语义值，这个对象则是这
46 个专名的语义值。例如，“地球旋转”这个句子有**真的**这个值，因为“……旋转”这个谓词的语义值是一个把所有旋转对象，包括地球，映射到**真的**这个值，并且把所有不旋转的东西映射到**假的**这个值

的函数。[“the Earth”([这]地球)这个短语是由两个词组成的,但它是一个逻辑单一的专名,一如“Uranus”(天王星);这里不想把它与“an Earth ”(一个地球)或“another Earth”(另一个地球)进行对比。一种语言是否要求在任何给定的专名前面加定冠词,仅仅是一种句法约定,就像它的第一个字母是不是大写一样。]

根据弗雷格的理论,一个表达式的语义值不是它的涵义。一个表达式的涵义必须能够被给予心灵,而被给定的东西决不会简单地是一个对象或函数;正像康德所说,“每一个对象都以某种特定的方式被给予我们”。一个表达式的涵义是一种决定其语义值的特定手段。但是,既然任何与含有表达式的句子的真或假不相关的东西都不能是句子涵义的部分,这种涵义就不能包含任何最终不决定其语义值的东西。

这种思想被维特根斯坦在《逻辑哲学论》中采纳了,他写道:“理解一个句子意谓着知道,如果它是真的,情况是什么样子”,而且从那以来,形式稍有改变,我们一直持这种看法,把它作为“真值条件意义理论”。一个特定的句子是不是真的,当然不仅依赖于它的涵义,而且依赖于事物在世界中是什么样子;但是,根据这种看法,理解这个句子就是知道,它若是真的,事物在世界中一定是什么样子。人们提出各种各样在我看来不能令人信服的论证,否定在明确说明一种语言的词义时需要独立或明确地说明力或调的特征;但是除了很少一些情况,人们一般都同意,意义的核心构成,即弗雷格称之为“涵义”的东西,是能够以一个表达式对决定任何含有它的句子的真之条件所做的贡献来解释的。

弗雷格是二值原则的强烈主张者。二值原则阐明,每一个有 47

确定涵义的，如果必要，被看作是在某个特定场合由一个特定的说话者说出的句子，都确定地要么是真的，要么是假的。他不相信现存的自然语言符合这条原则：恰恰相反。自然语言的两个特征使它们违反二值：可能会形成诸如限定摹状词这样的单称词，比如“宇宙中心”，它们有涵义，但是不能指称任何对象，而且存在一些专名，它们也有这种情况；而且存在一些谓词，它们并非对每一个对象都是合适定义的，或者根本就不可定义。一个像“大西洋上过去有许多山”或“消失的大陆上过去有许多山”这样的句子不能要么是真的要么是假的，因为没有由“大西洋”这个名字或由“消失的大陆”这个限定的摹状词所指称的对象；一个像“慕尼黑是众多的”这样的句子不能确定地要么是真的要么是假的，因为“……是众多的”这个谓词不是合适（即精确）定义的，而像“慕尼黑是怯懦的”这样的句子既不是真的，也不是假的，因为“……是怯懦的”这个谓词根本不是对所有城市定义的。确切地说，二值原则在弗雷格看来乃是对一种语言的要求，这种语言作为一种演绎推理的工具，能够完美可靠地运作。为了获得这样一种工具，要么必须建立一种人工语言，要么必须重新构造一种自然语言，以便满足二值原则。

在构造一种适合这一目的的人工语言或重新构造一种自然语言的时候，每一个谓词必须是这样解释的，对每一个对象而言，它适合它还是不适合它，乃是确定的。这一要求不断被弗雷格阐述；但是他每次阐述的时候，都要接着补充说，并非一定是**我们**应该能够判定，对任何对象，这个谓词是不是适合它：所要求的只是，决定谓词是不是适合它，应该是与人无关的。我们可能会这样表达：**我
48 们**不需要能够说明这个谓词对这个对象是真的还是假的：但是**实**

在必须决定要么它对它是真的，要么它对它是假的。我们确实赋予谓词以它所具有的任何涵义，这样好决定任何对象必须满足的条件，如果谓词对那个对象可以是真的；在把握谓词的涵义时，我们**知道**它适用于一个对象乃**是什么意思**，但是我们不需要有一种手段来认识到对象是不是满足谓词适用于对象的条件。适合于谓词的一定也适合于所有语言表达式，包括句子。我们把句子所承载的涵义指派给我们语言中的句子，而且，如果它们可以符合二值原则，它们就一定是这样的，即它们成为要么是真的要么是假的。它们的涵义决定了它们是真的之条件，而且在把握这些涵义的时候，我们领会这些真之条件；但是，说明是不是认可这些条件，却不必是我们力所能及的事情。**实在**决定句子是真的或假的；只要我们知道句子是真的乃**是什么意思**，那么我们是不是能够说明是否认可真之条件就是不相关的。

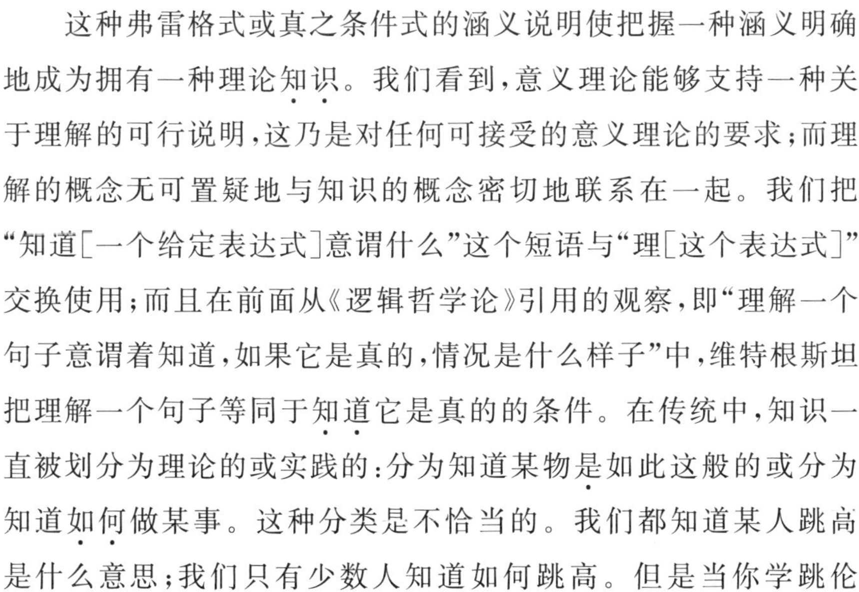

这种弗雷格式或真之条件式的涵义说明使把握一种涵义明确地成为拥有一种理论**知识**。我们看到，意义理论能够支持一种关于理解的可行说明，这乃是对任何可接受的意义理论的要求；而理解的概念无可置疑地与知识的概念密切地联系在一起。我们把"知道[一个给定表达式]意谓什么"这个短语与"理[这个表达式]"交换使用；而且在前面从《逻辑哲学论》引用的观察，即"理解一个句子意谓着知道，如果它是真的，情况是什么样子"中，维特根斯坦把理解一个句子等同于**知道**它是真的的条件。在传统中，知识一直被划分为理论的或实践的：分为知道某物**是**如此这般的或分为知道**如何**做某事。这种分类是不恰当的。我们都知道某人跳高是什么意思；我们只有少数人知道如何跳高。但是当你学跳伦

49 巴的时候，你就不仅仅是在获得一种实践能力，即做你已经确切知道做它是什么意思的事情。在你学习之前，你只有一个关于做它是什么意思的模糊观念；你可能会被某人欺骗，他做出自信的动作，这些动作在你看来就像你被告知在跳伦巴的人做出的动作一样。在学跳伦巴的过程中，你不仅是在学习**如何**跳伦巴，而且是在学习跳伦巴是什么意思；你所获得的知识隐藏在理论的和实践的知识半途之间。可以说你懂得了，跳伦巴要求一些特定的动作，而且这与你仅仅知道如何做某件事情所获得的知识区别开来；但是这种知识不必能用话来表达，这又使它与理论的或命题的知识区别开来。只有当你不能用话来表达它，或者至少不付出相当大的思想努力就不能这样做的时候，它才（以你拥有它的方式）是一种在理论和实践知识的标准类型之间的知识。如果问你伦巴是什么，你只能**演示**它：你说："舞步是这样的"，并且展示出舞步是什么。你终于知道某种你以前不知道的东西；但不是任何你能**陈述**的东西。

学习一种语言乃是获得这种中间的知识。对"你能说葡萄牙语吗？"这个问题，"我不知道，我从未试过"这一回答的荒唐性产生于如下事实：为了说葡萄牙语，你必须**知道**某种东西，确实要知道许多。但是所说的知识是一种中间性的知识。你只有在懂葡萄牙语以后，才实际上真正知道什么是说葡萄牙语，否则你会被一个说了一些无意义的话的人所欺骗。如果葡萄牙语是你的第二种语言，你关于它的许多知识可能都是清晰的理论知识，尤其当你是从一本书学会它的时候；但是，如果它是你的母语，你关于它的知识就不大可能会是这种类型的。

有主动和被动的语言知识：说语言和以语言书写的能力，与
听、读和理解语言的能力。可以说，一个只有被动而没有主动能力 50
的人懂语言，但是不能说它；那个关于葡萄牙语的对话在他那里就不是好笑的。如果常常发生这样的事情：人们发现自己莫名其妙地抑制一些特定的语言，那么有人可能会懂一些语言，尽管只能说其中少数几种。但是，把任何人关于其母语的知识当作是理论知识而不是这种中间的知识，则是错误地提供了一种循环解释。

至少，如果这种解释是由语言哲学家提供的，它就是循环的。对于语言哲学家来说，意义理论和建立在它之上的理解理论形成了对思想的哲学说明的唯一途径；只有通过解释什么是理解一种语言的句子，我们才能解释什么是把握我们借助语言所表达的命题。但是，如果我们试图把理解一个句子解释为就在于拥有关于这个句子的知识，我们的解释就是循环的：我们是在试图以判断一个命题（即这个句子在如此这般条件下是真的这个命题）是真的来对把握（以该句子所表达的）另一个命题进行解释。如果我们遵从语言哲学家的解释策略，那么我们只有构造起我们的意义理论和依据它的理解理论，或者至少勾画出构造它们的计划，才能利用理论知识这个概念。

这些责难不适用于思想哲学家。思想哲学家完全有权假定对命题的把握和对它们的真的认识先于对语言的认识，并且借助前者来说明后者。这就是他们的全部策略。但是如果他们试图对命题和思想的内容做出真之条件的说明，那么完全同样的责难也会适用于他们的说明：这种循环性甚至会更加明显。这样一种关于内容的
真之条件的说明将采取一种只与所取消的语言项有关的意义的真 51

之条件的说明。表达式的涵义将被思想构成物所取代。这样的思想构成物将与它们的外在相关物相联系，一如根据弗雷格的理论，表达式的涵义与这些表达式的语义值联系在一起：它们将是决定那些外在相关物——对象、性质和关系——的特殊方式。一个思想或命题的构成物的外在相关物将一起决定这个命题的真值。而且把握这个命题将在于知道，对于这个命题有**真的**这个值而言，事物必须是什么样子的。这样一种关于事情的说明确实是明显循环的：把握一个任意的命题将是通过知道这个命题的真之条件来解释的。

一种借助真之条件的说明，无论是作为意义理论，还是作为自主的内容理论，都不能逃脱致命的循环。

真之条件的意义理论和内容理论是不可救药循环的。人们可能会反对说，它们有一种更严重的缺陷：它们不加解释地使用真这个概念。但这种反对意见是不公正的。我们不需要认为，关于涵义的真之条件的说明是自身独立的空洞的真之条件的规定；最好把它看作处于一种综合的意义理论之内，不仅包括涵义，也包括力和调。很有可能，关于内容的真之条件的说明同样处于一种综合的思想理论之内，不仅包括仅仅对命题的把握，而且包括判断和信念这样的命题态度。把涵义指派到语言的语词(语义原子)，因而把真值指派到语言的句子，这尽管可能在一种完全综合的意义理论中占据主要部分，但是却只应被看作是随后东西的**准备**。随后应该跟着的东西是关于语言**使用**的说明，即对语言中任何言语表
52 述的含义的说明。在做出这样一种说明的过程中，由于真这个概念应用于任何给定的句子，我们不得不使用它。正是从真的这种用法，真这个概念获得了它的内容。

阐述一种扑克游戏规则可能首先要明确说明扑克牌的等级次序，这些说明可能是简单的，也可能是复杂的。一些牌可能是将牌，它们的等级将是特殊的，而普通牌的等级可能是不同的。然而，所有这些不过是随后玩牌规则的准备。只有当扑克牌的等级次序在这些规则中显示出来——比如决定谁赢了某一墩牌——的时候，这才是有意义的。你若是只知道扑克牌的等级次序，你可能还不知道如何玩牌。同样，如果你只知道一种语言的句子的真之条件，你可能还不知道如何说这种语言。

这种说法看上去可能是荒唐的：戴维森和其他一些人难道没有建议可以把对一种语言的句子的真之条件的明确说明看作是为那种语言构成了一种完整的意义理论吗？当我知道该语言的一个陈述句在什么条件下是真的，难道我不知道说出这个句子的人在说什么，因而不知道他的言语表述的含义吗？你只有在一种条件下才会知道这一点，这种条件是：你含蓄地理解一个句子的真之条件和它的用法之间的联系，因而知道该理论未能说明的某种东西：一种语言的真之理论只有利用研究意义理论的人所拥有的根本的含蓄的知识，才能冒充为一种意义理论。如果我们想象如下阐述的一种理论，这一点就变得显然：不是使用“真的”和“假的”这两个熟悉的词，而是用某一对迄今未知的词作句子的语义值。这样我们当然就不会觉得我们已经有了一种关于语言的恰当的意义理论。即使我们猜测这两个词指称这两个真值，我们也只有在知道了句子实际上是如何**使用的**，才会知道哪一个代表**真的**这个值，哪 53
一个代表**假的**这个值。必须要得到解释的东西，正是我们关于“真的”和“假的”这两个词所含蓄地知道的东西，而且是应该由任何充

分解释的意义理论所说清楚的东西。

一种综合的意义理论的任务是说清楚必然会由一个能够完整说一种语言的人所含蓄地把握的所有东西，因此说清楚一个婴儿在能够成为这样一个说话者之前必须学习的所有东西；因为只有说清楚这些，这种理论才能发出一种哲学光芒；当我们深入思考语言的时候，这种光芒将照亮被那些令我们困惑的概念所占据的全部空间。我们在日常生活中非常熟悉这些概念，而当我们试图以哲学的方式说明它们时，它们却极其含糊。这些概念就是语言本身的那些概念，即意义、命题、内容、断定、真和假这些概念。当人们提议诉诸决定一个句子为真或为假的东西来解释任意一个句子的涵义时，说明真和假这一对概念就变得特别重要。

62 正是力的理论首先适于解释语言表述的含义。说话者对听者提出一个要求，他所借助的言语表述从两种东西获得其含义：一个是如下的事实，即它是一个要求；另一个是所要求的这件特定的事情。涵义和力之间区别的使用解放了我们，因而不必一定要分别解释一个这样的句子部分的这两种特征；这就是这种区别的要点所在。确切地说，我们应该把句子看作是体现了一个附加了一种力的命题的表达，这种力说明这个言语表述的特征是一种要求。所说的这个命题是这样的，如果承认这个要求，这个命题就会被说成是真的。力的理论将描述做出要求、承认和拒绝它们的社会实践；这样它将对一种要求（无论该要求的特定内容是什么）的语言表达提供一致的解释。这个附加了要求力的命题，如同所有命题一样，将能够是真的或是假的。我们通常不对一种要求说它是真

的或它是假的，而说它是被承认的或被拒绝的，一如我们通常不对一个需要回答“是”或“不”的问题说它是真的或它是假的，而只说正确的回答是“是”或“不”。一种诉诸涵义和力之间区别的、关于语言运作的说明，要求我们把广泛多样的非断定性的言语表述的特殊内容看作是由附加了某种非断定力的命题构成的；称任何这样的命题为“真的”或“假的”，当然没有什么不适当的。

这些形容性语词最自然适用的是断定。解释断定力比解释疑问力或使一种言语表述成为一种要求的力量要复杂得多。一个疑问是一种需要信息或需要解释的要求；一旦我们知道如何传达信息或如何做出解释，就不难说明疑问力的特征。我们正是借助断定传达信息；因此一种关于断定力的适宜说明必须解释信息这个困难的概念。然而，眼下与我们相关的是，真和假这两个概念最初正是从做断定这种实践得出来的。断定可以是对的或错的，这是断定的核心特征；任何关于语言的断定用法的说明必须容纳这种性质。不仅如此，而且在许多情况下，一个断定可以被*证明*一直是对的或一直是错的。我们最初的真假概念等同于一个句子的真和一个句子的假，前者是一个特定的说话者在一个特定的场合说出这个句子，并且带有说出它所形成的断定的正确性，后者则带有这样一种断定的不正确性。

63

几乎每个撰写过这方面东西的人都说过，反实在论者对涵义或内容的真之条件的说明，或者更为特殊地说，对理解的真之条件的说明提出了两种反对意见。首先，对一个句子或一个表达式的理解被这种说明说成是就在于一种知识，而这种知识一般是不能完全表现出来的。其次，对于如何能够获得这种知识没有什么解释。这两点都是严厉的质疑。拥有一种知识与拥有者一定是有区别的:认为一个人有一种知识,而这种知识绝不能以任何方式影响他做的事情或甚至他说的东西,乃是让人无法理解的。同样,为了有一种知识,必须有一种获得它的方式,至少除非它可能会被说成是这样一种东西:一个人只要能够把握它的内容,就会知道它,而这肯定不是一个说话者关于其母语知识的情况。如果真能相信一个人拥有一种知识,那么关于这种知识一定还有其它许多东西可以说。特别是,如果一种知识能够被使用,那么需要时它就一定被提供;因此一定可以说明它被以什么方式被提供给人们。但是,这种从知识的表现产生的反对意见和从知识的获得产生的反对意见都不是核心的。核心的反对意见是:一种真之条件的说明乃是循环的。

大多数真之条件理论的辩护者根本忽视这种循环性。一些真正诚实的人,比如思想哲学的倡导者埃文斯,坚持一种关于内容的真之条件的说明,他们承认不能没有循环地解释对意义或内容的把握。埃文斯在其杰出的遗著《所指的多样性》中写道:“困难在于对知道一个命题是真的乃是什么意思这个概念做出任何实质性的说明……我完全不能对这个概念做出一般性说明”(第 106 页)。尽管如此,他确信,这是一个可以使用的正确概念,可以对它做出某种可以信赖的说明,而且他在该书接下来的部分一直使用这个概念以及相应的概念,即知道一个给定的谓词对任何一个对象是真的乃是什么意思。

很少有真之条件意义理论的提倡者承认有什么他们解释不了的东西。埃文斯坚持真之条件的看法乃是一种信念行为。这样的信念需要有理性的基础。

第五章　有正当性论的意义理论 56

什么迫使一种真之条件意义理论或内容理论是循环的呢？一种不循环的理论会是什么样子呢？一种不循环的意义理论会把知道一个句子或词的意义表现为知道如何使用这个句子或词；一种不循环的内容理论会将把握一个命题或命题的构成概念之一表现为知道如何构造这个命题或某种牵涉到这个概念的命题范围，并且知道依据它或它们而行动。这种知识，无论多么复杂，都不会仅仅就在于一种实践能力。它会包含一种广泛的关于事实的知识；至少在考虑语言知识的时候会是这种情况。但是这种知识会是中间类型的：已知的事实不会是以语词可阐述的，或者至少不会是由主体可阐述的。由于这个原因，在说明中不会有循环。

如同我们看到的那样，弗雷格觉得不能做出这种不循环的解释。如果他觉得能这样做，他可能会将把握一个谓词的涵义等同于有能力判定，对任何对象，这个谓词对它是真的或不是真的。表现这样一种能力，丝毫不必倾向于针对把谓词用于各种各样对象的言语表述做出赞同或不赞同的特殊姿势，比如像奎因想象的那 57
样的姿势；表现它，只要愿意或不愿意做出或接受这样一种谓述就足够了。描述做断定的语言实践必须包括听者的可能反应。这些反应将依赖于听者是不是接受断定。因此一种关于断定力的说明

必须容纳这样一个概念，即某人接受对他所说的东西为真。这样的接受不必有已知的标记——成年人的语言行为比这要复杂得多。但是说话者接受一个陈述，这一概念必须在有关说这种语言实践的任何说明中体现出来；而且说话者必须以某种方式，无论如何复杂，能够表明他接受哪些陈述（用戴维森的话说，“认为是真的”），他拒绝哪些陈述。根据一种有关理解的不循环的说明，可以认为把握一个谓词的涵义就在于有能力达到一个正确的判定：对于任何给定的对象，接受还是拒绝一个把该谓词用于这个对象的陈述。

为什么弗雷格觉得自己不能做出这样一种不循环的解释呢？明显的原因是，对于许多谓词而言，没有能行的方法来判定，对于任意一个对象，一个这样给定的谓词对它是真的还是不是真的。阻碍达到这样一个判定的障碍不仅仅是实践的：常常甚至原则上就没有判定方法——这意味着假定所有实际障碍无法克服。因此弗雷格不得不退而说，并非我们能够确定谓词是不是适用，相反，它是不是适用**乃是**非人称地**确定的**。因此，我们对谓词涵义的把握将不在于有能力决定它对任何给定的对象是不是真的，而在于**知道**什么将决定它对它是不是真的；即知道，谓词对一个对象是真乃是什么意思。这种知识不能被解释为有关如何做任何事情的知
58 识，甚至是中间类型的知识：它无可挽回地是命题知识——理论知识，如果我们确实有这种知识，我们只能是由于能够表达它而有它。正是从这里产生了循环。

当我们确实有能行的手段确定谓词的应用时，比如当我们确定“……是软的”，“……是平滑的”，“……是绿色的”这样一些我们

最初学习的简单观察谓词时，知道它对一个对象是真的乃是什么意思可能会等同于能够说明它对那个对象是不是真的。然而，有许多谓词，我们没有能行的手段确定它们的应用。这是一个事实的简单结果。这个事实是，有一些命题我们可以表达，但是我们没有能行的方法确定它们的真值；因为正像弗雷格认为的那样，一元谓词一般不过是我们从一个句子去掉某个专名或其它单称词的一次或多次出现而剩下的东西。如果根据一种意义理论，我们只是把一种真正的涵义附加在这样一些句子，我们有能行方法判定它们的言语表述的真值，那么这种理论应该立即被拒绝；因为我们的语言允许我们构造许许多多的句子，我们完全理解它们，但没有这样的能行判定方法。这些句子可以叫作“不可判定的句子”，只要记住在这种用法中，“不可判定的”意味着“不是能行可判定的”；那些我们确实有能行方法判定其真值的句子可以叫作“可判定的”。但是，一种关于涵义的不循环的说明需要如此赤裸裸地假定一种形式，以致否认不可判定的句子的所有涵义吗？

尽管我们可能甚至原则上也没有办法使自己处于这样一种状况，即我们能够能行地判定一个给定句子的言语表述所表达的命题是真的或不是真的，但是由此得不出我们可能最终不会**认识**到这个命题是真的或是假的；我们可能有时候，而且确实常常判定不可判定的句子（在我赋予这个表达式的意义上）的言语表述的真或假。一类简单的例子是全称量化句，只要出现反例，我们就能判定 59
它们是假的，但是，在反例出现之前，我们没有特定的方法判定它们的真假。对于一个句子，如果说我们在任何情况下都不能根据它的涵义正确判断它的言语表述是真的或是假的，那么我们竟能

给予它一种涵义，这确实会是非常可疑的。这使人想到变换一种方式，对理解做一种似乎更有道理的不循环的解释。根据这样一种解释，可以把理解一个(在一个给定场合说出的)句子看作就在于在状况合适时有能力认识到它是真的还是假的，哪怕没有能行的方法使自己处于这种状况。这不是反对这样一种理论：我们如此理解一些特定的命题，以至我们不会承认有任何东西能**最终**确立这些命题为真或假。根据这样一种理论，把握这样一种陈述的涵义将在于有能力认识到它带有这种涵义出现时的证据，并且正确地判断它是不是被任何给定的相反证据所推翻。我们需要有一种称号来表示这种替代真之意义理论的不循环的理论。“证实论的”(verificationist)这个术语有引入误解的联想；让我们称它为“有正当性论的”(justificationist)理论。

在“状态合适时有能力认识到命题的真假”这个短语中，必须根据我们判断所说之物之真的**实际**方法来理解“若是状态合适”这个表达。这些方法并非还原为仅仅是感觉观察。即使对于可判定的句子，我们确定它们真值的手段也可能牵涉到一些心灵运算，比如计数，或一些物理运动，比如衡量。我们的句子不能被分成经验的和先验的这样两类，一类的真应该由自然观察来判定，另一类的真则应该由纯粹的推论来判定。相反，它们是平衡的。一端有纯观察句，另一端有通过独立演绎而得到的数学句子。大多数句子
60 处于居间位置：它们的真应该是通过把观察与(演绎的或非演绎的)推理结合起来而确立的。“在状态合适时”拥有认识到一个陈述是真的或假的之能力，意味着当被告知相关的观察和被给予相关的推理时能够认识到它。

那么，为什么弗雷格没有提出这类更为适度的不循环的解释呢？阻碍他采纳一种有正当性论的理论的是他毫不动摇地信奉二值原则，因为这一原则适合于一种科学语言所表达的思想，所谓科学语言是这样一种语言，其中可以完全放心地进行演绎推理。二值原则即是：任何有确切涵义的陈述必然确定地是真的或假的。如果在这样一种语言中一个句子是不可判定的，则不仅我们缺少一种能行的方法来判定它的一个给定的言语表述是真的还是假的，而且我们无权假定会有任何东西（如果我们偶然碰上它）向我们表明它是真的或者它是假的。但是如果处于二值原则之下，它就必须是或者真的或者假的。而且，一定是依据我们赋予句子的涵义，实在才确定它是真的还是假的。因此，不可能会是这样的情况：完全把握这种涵义会仅仅在于，在一些特殊情况下，我们若是能够认识到它有这个或那个真值，我们就有能力这样做。如果是这样，那么句子的涵义就不会提供在其它情况下会使它为真的东西和在其它情况下会使它为假的东西。因此，根据二值假定，完整把握一个句子的涵义就相当于知道它的真值是如何由实在确定的，无论我们是不是能够说明真值是什么；就是说，就句子是真的而言，知道事物在实在中一定是什么样子的。

一种有正当性论的意义理论与我们实际获得语言的经验十分吻合。我们学习的恰恰是在什么情况下我们有权实际上自主地做出这个或那个断定。当然，我们有权凭借其他某个人断定过某种 61
东西而断定它，假如没有理由认为那个人搞错了或是不真诚的。“自主地”这个短语旨在不考虑这种情况，而挑选出以说话者为信息的初始来源的情况。比如，我们学习如何在状态合适时认识到

我们最终知道其涵义的陈述是真的或假的。我们还学习，对于可判定陈述而言，我们能够以什么方式使自己处于合适状态，从而判定它们的真假。但是当我们无法说明一个陈述是真的时，我们以什么方式能够有可能最终知道它是真的究竟是什么意思？什么会构成我们有这样一种认识呢？

我们有能力认识到陈述为真，因而知道我们什么时候有权断定它们，但是这种能力确实没有穷尽我们对我们语言的不断掌握。我们不是把我们能够通过观察或推理而获得的事物状态记录下来的简单工具。如果一只狗会被训练得在一些特殊的可观察情况发出不同信号，比如当邮件来的时候，如果前门那里没有人，前门就要开着，等等，那么我们可能会说："它在告诉我们邮件来了"，但是我们不可能恰当地说："它在说'邮件来了'。"当另一只狗发出任何这样的信号时，如果它证明能够自发而聪明地对此做出反应，情况就会变得完全不同。当然，这是我们在学习语言时学做的事情：把别人的断定当作真的加以接受，并且根据它们的真来做事情。可以说，一个小孩能够说某物如此这般，仅当他不仅学会了依据自己的能力说某物如此这般的时候，而且在出现这种情况的时候，当别人告诉他事物如此这般时，他将根据它是如此这般的做出反应。只有这样做，他才进入使用语言的公共实践。然而，看不到有什么理由假定，为了接受他被告知的东西并根据它做出行为，除了知道一个人什么时候，依据什么能够说明他学会理解的陈述是真的或是假的，什么是对它们的真的合适反应外，他还需要知道什么更多
62 的东西。当他最终把任何他接受为真的东西融入他的世界图画时，他就会知道什么是合适的反应。

另一方面，真之条件理论**不能**对一个问题做出正确的说明：这个问题可能一般为哲学家所接受，而且由于弗雷格和早期维特根斯坦的赞同而获得殊荣；但是它的循环性败坏了它，因为它不能解释它企图解释的东西。一种关于语言实践的说明要求认识到（或承认）为真（recognizing-as-true）这个概念、接受为真（accepting-as-true）这个概念，还有依据某物的真做出行为（acting-on-truth-of）这个概念；它需要**是真的**（being-true）这个概念，乃是不清楚的。

这样，有正当性论的意义理论就不能认可二值原则。因为二值意味着，可能有一些真陈述，它们的真我们甚至原则上也是不能认识到的，无论我们处于多么好的状况。既然我们对这样一个陈述的理解必然牵涉到对什么会构成它为真的知识，接受这一原则就要求采纳有关意义的真之条件的看法和拒绝有正当性论的看法。因此，有正当性论的看法也促使人们拒绝排中律。排中律是二值语义原则在逻辑中的反映。它说的是，对任何陈述 A，“A 或非 A”这个陈述是真的。在一些二值原则失效的语义理论下，排中律依然是有效的。假如一个陈述应该被看作是假的当且仅当它的否定是真的，那么只有当一个析取陈述“A 或 B”可以是真的，即使 A 和 B 都不是真的时，才能是这样。比如，模糊陈述的语义可能会把一个陈述当作是真的，仅当它明确成立；在这种情况下，一个具有“那是红色的或橙色的”这种形式，说的是某种处于这两种颜色临界的东西的陈述，有可能被列为真的，尽管“那是红色的”和“那是橙色的”都不是真的。

现在，在关于意义的有正当性论的看法下，我们很可能会被看作有权断定一个陈述“A 或 B”，如果我们有一种能行的方法使自 63

己能够认识到要么 A 为真要么 B 为真；例如，如果 A 是一个可判定陈述，而 B 是“非 A”(在这种情况下我们就有一例排中律的情况)。然而，这不是与“红色的”/“橙色的”那个例子真正并列的例子。一个有正当性论者不需要把可有正当性限制在我们确立起其真的陈述；只要我们原则上有一种能行的方法最终认识到一个陈述为真，他就可以把这个陈述看作是可有正当性的。除非人们确立起一些断定的真，或者至少发现了有利于它们的证据，否则我们无权做出这些断定。但是，对于一个我们眼下无权断定的陈述，如果我们拥有确立它的真的方法，即使我们尚不知道怎么做，它也可能是可有正当性的。在对可有正当性这种更为宽厚的特征说明下，如果 A 是可判定的，那么它或它的否定是可有正当性的；这样，我们将有权断定的“A 或非 A”这个析取式就不会是这样一个析取式，它的构成句子都不是可有正当性的。

由此出发就很清楚，在我们尚无权断定 A 或“非 A”的时候，我们可能有权断定一些具有排中律“A 或非 A”的一些情况；但是我们不能断定它的所有情况。这在很大程度上取决于应该如何在一种有正当性论的语义学中解释“或”这个联结词。如果以某种方式来理解，比如使得仅当我们有确立 A 或 B 为真的方法，才能够断定“A 或 B”，就会直接得出，若 A 是一个不可判定并且是尚未判定的陈述，则绝不能断定“A 或非 A”。不进行更为深入的研究，我们就不能说不可能有不可判定的陈述 A 和 B，使得我们在不能确立 A 的真或 B 的真的情况下能够确立“A 或 B”的真。这与“红色的”/“橙色的”那个例子会是真正并列的例子。但是这种可能性并不使我们一般有资格对不可判定的 A 断定“A 或非 A”。有人可能会反对说，我们总是有权断定这一点：可以把它看作是不用深究，在所有情况下“确立”起来的。然而，这样一种反对意见只是由于 64
坚持这个尚未被驱逐的二值原则：确信要么 A 要么“非 A”一定是真的。关于意义的有正当性论的看法否认我们拥有——可能会拥有——一种将支持这一信念的真之概念。由此得出，如果我们采纳一种有正当性论的意义理论，一如我已经论证过我们被迫要这样做的那样，我们就必须拒绝排中律是一条普遍有效的逻辑规律。有了这一点，我们也就必须拒绝传统逻辑，它通常被看作是依赖于体现二值原则的二值语义学。相反，我们不得不只承认那些在直觉主义逻辑下被认为有效的演绎推理模式。为了是有效的，一个演绎论证从前提到结论必须保留下来的东西是可有正当性，这里，一个陈述如果可被说明是正当的，它就是可有正当性的。

那么，我们必须为了可有正当性这个概念而放弃真这个概念吗？如果我们要这样做，我们的语义理论就会丧失所有形而上学共鸣；因为，如同我们看到的那样，正由于事实和真命题之间的符合，一种语义理论才获得这样的共鸣。如果我们的语义理论失去这种共鸣，它就无法赋予说语言的人任何关于他们所谈论的实在的看法。然而，这样一种看法是每一个人理解语言的一个组成部分；因为形而上学不是形而上学家的专门兴趣，而是每一个人心灵特征的一部分，无论它有多么混淆或混乱。更一般地说，我们在我们的心灵逐渐建立起一幅我们所居住的世界的图画；而且这幅图画指导我们的行动。这正是当我们接受一个向我们所做的陈述为真时所发生的情况：我们增补或调整我们关于世界的图画，它形成我们随后活动的基础。因此我们不能简单地放弃真这个概念；相

反，我们必须依据我们如何看待什么东西构成对语言的一种理解来采纳我们的真之概念。

因此我们不应该拒绝接受如下表述：“理解一个句子就是知道
65 它是真的乃是什么意思”；相反，我们必须探讨，我们必须以什么样的真之看法来取代真之条件理论家所主张（但从未清楚解释）的看法。真之条件理论家关于真的看法是一种强**实在论**的看法。实在论是相信有一种实在独立于我们对它的认识和我们获得这样认识的手段，这种信念把我们的陈述解释为真的，如果它们是真的；把我们的陈述解释为假的，如果它们是假的。当以这种高度概括的方式说明实在论的特征时，我们在很大程度上就都应该是实在论者了。每一个婴儿都得知，逐渐但非常迅速地得知，他正生活在一个客观存在的世界中，这个世界在很大程度上独立于他的意志，甚至独立于他关于它的信念。这个世界在他一生中不是完全稳定的，但是基本稳定的，而且里面除他以外还有其他人。质疑这种对实在的客观性和独立性的根本承认，任何哲学家也无法胜任。把某种与一个特定论题相关的哲学观点说成是实在论的，只有与一种一直被坚持的或者至少是可想象的对立观点相对照，才有实质性意义。我们可以说，如果一个哲学家把我们的陈述说成是真的或假的，因而设定某种没有充分理由相信的虚假事实，他就犯了**奢侈实在论**（extravagant realism）的罪过。我一直坚持认为，真之条件语义学中隐含的实在论是奢侈的。

依据一种有正当性论的意义理论，我们应该采纳什么样的真之看法呢？既然真与意义必须一起来解释，这里就是把一个陈述的真等同于它的可有正当性。这个答案要求有详细的注解，因为

说一个陈述*能够*被说成是正当的，要求说明“能够”是在什么意义上使用的。首先，假定A是一个可判定的陈述，但它实际上还没有被认识到为真。在这种情况下，如同我们看到的那样，“A或非A”这种排中律的特殊情况将是可有正当性的，不仅如此，还是可断定的。因为，把这个过程应用于判定A是否成立，我们将确立A的真或它的否定的真；这就得出，它们的析取式*能够*被说成是正当的。这与A本身的真或假有什么关系呢？我们可以有两种方 66
式看待这个问题。一种方式我们会说，既然A和它的否定都没有被确立起来，而且可能永远也确立不起来，因此它们都不是真的：就“A成立或不成立”这个问题而言，实在是不确定的。由于我们都同意接受“A或非A”为真的，那么如果我们采纳这种观点，我们就应该确实可以允许一个析取陈述能够是真的，即使它的构成子句都不是真的。

人们很有可能会认为这含有对我们的实在论倾向非常极端的侮辱。如果我们坚持约定俗成的思想，即只要一个析取陈述的一个子句是真的或两个子句都是真的，该析取陈述就能够是真的，我们就将被迫采纳如下常识观点：A是真的或假的，尽管我们不知道，而且可能永远也不会知道，A究竟是真的，还是假的。根据这种说明，要么A是真的，要么它的否定是真的，因为要么A*可能*会被证实，要么A的否定*可能*会被证实。我们有一个判定A是不是真的的程序。如果我们能够应用它，我们就应该能够证实A或它的否定。因此要么A一定是真的，要么“非A”一定是真的，尽管在应用这个程序之前，我们不知道哪一个是真的。这样，如果实施这个判定程序的结果是证明这个陈述是真的，我们实际上就应该

有一种能行方法确定它的真，即使我们不知道我们有一种能行方法，而且对于它的否定也是同样；因此这个陈述或它的否定将有资格是真的，即使我们没有实施这个程序，而且可能永远也不实施这个程序。

上述推论体现了一种逻辑谬误。从一个具有“如果会是B这种情况，那么会是C或D这种情况”这种形式的虚拟条件式，我们不能有效地推出“如果会是B这种情况，那么会是C这种情况”和“如果会是B这种情况，那么会是D这种情况”这两个虚拟条件式的析取式。比如有可能是这样的情况：我要是告诉金某个信息，她就会把它转告给克莱尔或海伦；由此不能推论，要么有了这个信
67 息，金就会把它转告给克莱尔，这是真的，要么有了这个信息，金就会把它转告给海伦，这是真的。会发生哪一种情况，可能会取决于金碰巧先遇到克莱尔还是先遇到海伦，或者取决于其它一些相关情况。

经验可判定的陈述与数学可判定的陈述是不同的。对于一个给定的自然数，我们可以合法地断定它要么是素数，要么是合数，而同时并不知道它是哪一种数，因为我们有一个判定它是哪一种数的能行程序。此外，在我们应用这个程序之前，我们有权假定这个数确定地是素数或合数。这是因为这个程序的结果只依赖于我们正确地实施它，而且构成正确实施它的东西乃是预先确定的。但是经验判定程序的结果不仅依赖于我们正确地实施它：它还依赖于实施它时我们在各种不同步骤所面对的所有东西。一个经验可判定的陈述是不是在我们发现它的真值之前就有一个确定的真值，不受一条可适用于所有这样陈述的尺度支配。它所依赖的是，

在特殊情况下，我们是不是有理由假定，该判定程序在各个阶段会有什么结果乃是确定的。

举一个例子。通过数一个篮子里的苹果，我们能够确定它们的数是素数或合数。如果我们确实数它们，我们可能发现，比如它是素数。我们应该假定只是由于我们发现它是素数它才**变成**素数吗？或者我们应该假定在我们进行这个检测之前它就已经是素数了吗？再比如，我们能够认为只要我们能够确定这个数，它就是确定的，但是一旦这些苹果尚未数过就被分掉，因而再也不能被计数了，它就变成不确定的吗？如果我们允许在我们要是能够数苹果时这个数就是素数或合数，那么在永远失去了发现它是素数还是合数的机会以后，我们现在还有充分理由仍然认为它是素数或合 68
数吗？

我们不能认为，苹果数是素数这个命题在数苹果前乃是真值不确定的，因为一个这样的命题依据更专门和更根本的命题；如果它的真值是不确定的，那么那些更根本的命题的真值也是不确定的。苹果数是素数这个命题的不确定性就会隐含着“在计数时没有苹果动过或消失”这个命题或至少一个具有“在数苹果前那个苹果就已经是在那里了”这种形式的命题的不确定性。然而这些命题的真预设了我们数苹果时使用的苹果数得出了数苹果前出现的那些苹果的数；因此我们可能会假定，这些苹果经过相关时期充分密切的观察，从而确保它们的真。但是在这种情况，并不产生它们是真值不确定的可能性；因此苹果数是素数这个命题在苹果计数前不能是不确定的。

然而，如果不实施这个判定程序，情况又会怎么样呢？我们能够假定，只要仍然可能发现这个命题的一个真值，它就有一个确定的真值，但是只要失去机会，它就不再拥有一个真值吗？或者，我们能够假定这个命题从未有一个确定的真值吗？反对这些说法的论证是类似的。若苹果数是素数还是合数乃是不确定的，比如在可以数它们的最后时刻，则哪一个特定的苹果那时在篮子里就一定是不确定的；但这个假定是无意义的。在某个给定时刻识别一个个体的苹果要求观察它所在的位置；因此，篮子里的任何一个苹果是不是在篮子里，就不能是不确定的。

69 于是这里我们有了如下一种情况：我们有理由认为有一个事实说明，在实施一个判定程序之前，它的结果会是什么，或者如果实施了它，它的结果会是什么。因此我们有一个可判定的陈述，不仅排中律对它有效，而且二值对它也是成立的。它的关键特征是它依赖于更为根本的已知不是不确定的命题。在一个缺乏这种特征的例子中，情况完全不同。“这棵橡树下的这朵花是蓝色的”这个陈述是可判定的；如果没有人去检验它，它也不会被判定。当然，凭借判定这个问题的可能性，我们有权断定“要么它是蓝色的，要么它不是蓝色的”；但是，即使我们从不检验这朵花，或者在我们检验它之前，也看不出有什么理由迫使人们认为，它的颜色一定是确定的。没有什么不能确定真值的更为根本的命题，但是，这朵花的颜色若是不确定的，就会有这样的命题：因此，如果我们从未发现这个关于它的颜色的命题究竟是真的还是假的，或者如果我们还没有发现它是真的还是假的，那么就没有什么东西能够保证它是真的或假的。

我们最初学习语言的时候，首先介绍给我们的是可判定谓词

和可判定陈述的用法。不会是其它样子。怎么可能**先**训练一个小孩使用不可判定的谓词和陈述呢？后来，不可判定的陈述最终又是如何被构造起来的呢？发生这种情况是因为我们学习使用一些算子，当把它们用于可判定句子时，它们使可判定句子变成不可判定的句子。这样的算子中包括量词，它们涵盖一些无穷或可能无穷的整体，尤其是诸如“将永远”、“将有时”、“将永不”这样涵盖所有未来时间的整体。我们首先学习理解涵盖一些小的可观察的整体的量化方式，比如一个碗柜里的盘子；我们懂得了可以检验一个碗柜里的盘子，以此来确立一个关于其中所有盘子或一些盘子的陈述的真或假，我们还懂得，有人对我们做出这样一个陈述时，我们应该期待些什么。当我们进而以量化方式表达有穷但不可观察 70
的整体时，我们怀有这些期望。牵涉到这样量化的陈述原则上是可判定的，尽管实际上不是可判定的。我们对这样陈述的理解，一部分取决于我们知道什么时候我们能够实际上证实或证伪它们，一部分取决于我们在有人向我们做出它们时形成正确的期待，一部分取决于我们知道它们原则上能够以什么方式被判定，还有一部分取决于我们学会在足够大量的取样基础上进行可有正当性但可废除的概括。

向涵盖无穷整体的量化的过渡是非常平稳的：除了一种关于原则上可能的判定程序的看法，我们继续做以前所做的事情。但是，我们正是由于不这样看所以没有这些陈述的真概念，根据这个概念，各个陈述确定地是真的或假的。我们从那里能够获得一种看法，即使我们无法确立一个陈述的真，它仍然说明这样一个陈述**是**真的乃是什么意思呢？就我所能理解的而言，只有扩展我们关

于它的真值判定方法的概念，才能获得这样一种看法。*我们*不能像我们能够检验一个碗柜里的各个盘子那样检验一个无穷整体的各个分子；但是也许一个比我们更有能量的东西能够这样做。我们可以想象这样一个东西，而且我们能够把我们对一个陈述是真的之把握基于这样一种看法：是这个东西确定着这个关于其所有分子的陈述的真，尽管我们不能确切说明它是真的。

这是为埃文斯称之为“理想证实论”的实在论进行辩护或通向它的途径：这个观念是，我们能够把我们对某种范围句子的理解和我们对它们是真的乃是什么意思的把握基于判定它们的真或假的过程，而这一过程要在一个想象的、具有超人力量的东西那里才会得到，尽管它远远超出我们能做的范围。埃文斯拒绝这种辩护或途径。坦白地说，我一直不能理解他提出的替代的辩护或途径。在眼下这种情况，理想的证实论肯定被曲解了。为什么我们不能
71 考察一种无穷整体，原因不在于人类能力不足：这是因为想象一种完成了的无限任务乃是*无意义的*。一个无限的任务根据定义就是一个原则上不能完成的任务。① 我们对牵涉到涵盖无穷整体的量

① 一种经典的反对意见是，无限任务是由可数无穷多子任务构成的，而执行子任务所用的次数形成一个收敛级数，比如 1 分钟表示第一，1/2 分表示第二，1/4 表示第三，如此等等，这样，那些无穷多子任务就会在有限时间里（在这个例子中，在 2 分钟内）完成。依据这一点，罗素说，在有限时间里通过 π 的完全展开乃是医学上不可能的，而不是逻辑上不可能的（参见“The Limits of Empiricism”，*Proceedings of the Aristotelian Society*，36，1935－6，p.143）。并非是：这是一种物理不可能性，而且如同我认为的那样，是一种概念的不可能性。如果子任务牵涉到物理运动，而且它们跨越的距离也形成一个收敛级数，那么它们一起构成的任务就几乎不可能称为无限的；除非它们形成一个收敛级数，否则在完成这个无限的任务的时刻就会有位置的间断。

化陈述的理解不能就在于任何关于它们被超人观察者判定的虚构，也不能在于任何关于它们是真的乃是什么意思的看法，而只能在于我们能够把握，在特殊情况下它们怎样可以被说成是正当的，而且，如果我们接受它们，则应该期待些什么。

那么对于这样一个陈述我们应该有什么样的真之概念呢？人们很想说，只要它被确立起来了，或者实际上最终将被确立，就可以认为它是真的；也许还会补充说，“或者它已被或最终将被说明是正当的，并且以后不会被反驳。”然而，这样一种解释本身会是循环的：我们要以涵盖不确定的未来时间的量化来解释涵盖不确定的未来时间的量化。这个困难使我们认识到真这个概念的一种特征，这是一种在有正当性的意义理论下可得到的特征，而且是一种非常重要的特征。一些可判定陈述的真不应该等同于它们被确立起来，而应该被看作是独立于我们的知识，凭借我们拥有一种最终知道它的能行方法而被认可的。然而，我们一般不能把真看作一种无时间的性质，即不能看作这样一种性质，一旦拥有，就在过去一直拥有。我们关于一个涵盖无穷整体的量化陈述所能有的真之 72
看法只能是这样一种看法：它**已经被**（having been）确立起来了。如果它是关于不确定的未来时间的，对此我们眼下没有根据或证据，那么我们就必须说，它**将成为**真的（如果它将成为真的），而不是说，它可能已经是真的，只是我们不知道而已。

73 第六章　时态与时间

一种间接地使一个可判定句变为一个不可判定句的运算乃是把现在时改变为过去时。考虑过去时句子的意义要特别当心。如果我们完全严格地把有正当性论的考虑直接应用于它们，我们就会发现我们不得不得出结论说，一个过去时陈述能够是真的，仅当现在有一些记忆或其它一些追忆表明事物是如它陈述的那样。使人们难以坚持这一点的是使一个在此时做出的断定性言语表述的真值与另一个在彼时以不同话语做出的断定性言语表述的真值结合起来的联系。具体地说，既然现在我戴着一条红领带乃是真的，那么正好一年以后说刚好一年前我系着一条红领带就一定是真的。表面上看，这表明一个过去时陈述的真不能依赖于当下对过去的一些记忆和追忆的存在：因为有可能是这样的，一年以后，每一个人，包括我自己，都会忘记了我在这一天戴什么领带，而且所有关于我戴一条那种颜色领带的追忆都荡然无存。

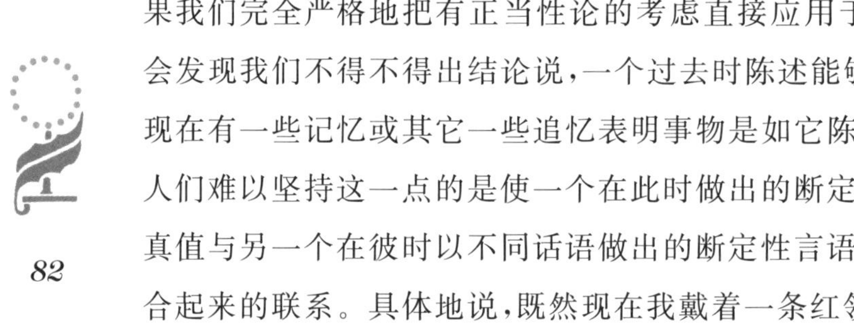

保留这些真值联系，同时又认为过去在当下有自己完整的要义（substance），乃是不可能的；但是这迫使我们采取一种非常不可能令人同意的形而上学态度，因为根据这种态度，实在是不断变化的。好的，人们可能会说，实在确实时刻在不断变化，但是根据
74 我所想到的这种态度，不断变化的不会仅仅是当下：当下会以自身

牵动着过去和推动未来。根据这种观点，我们说的任何东西只能与事情现在是怎么样的联系起来，只能与我们要是知道所有当下可得到的证据，那么我们现在应该如何判断它们过去是怎么样的联系起来。如果我现在假定一年以后有人将断定恰恰一年以前我戴着一条红领带，那么根据这种观点，我现在就应该赞同他的陈述是真的，因为我现在意识到戴着一条红领带；我应该这样做，无论我假定我眼下的穿着到了明年是不是留有什么记录。但是，如果一年以后所有关于它的追忆都消失了，那么那时断定我此时戴着一条红领带就不再是正确的。或者确切地说，我现在不能这样说：因为我现在说的只能是依据事物现在是什么样子而解释为真或假的东西。我现在其实应该说，这样一个断定将是正确的：但是，实际上我会隐秘地知道，从一年以后我们会有的情况来看，它将失去它现在所拥有的一个正确断定的地位。

这是一种可采纳的极端立场。严格地说，人们不能证明它是不融贯的；但是谁也不可能把它看作一种可信赖的关于世界的看法。从现在时到过去时或甚至到将来时的过渡，与以一个无穷量化范围替代一个有穷量化范围，乃是不能比较的。探讨这个问题，我们可以问一个初看不相关的问题：什么是理解一个像“爱丁堡”或“查尔斯王子”这样的专名？一个最初基本的回答是，这就是有一种方法识别这个名字的承载者，或者在一个真之理论中，这就是知道某种东西，这种东西必然适合于一个对象，它是这个承载者。为了确定一个通过把这个名字插入某个谓词的自变元位置而形成的陈述是真的还是假的，必须识别这个承载者，然后仔细考察它，以便判定这个谓词是不是适合于它、他或她。但是现在，对于“拿

75 破仑”这个名字情况会是什么样子呢？这是要知道，如果我们发现这位国王令人惊奇地没有在我们假定的那个时候死去，而是活到了现在，那么以什么方式能够把一个非常老的人等同于拿破仑吗？难道仅当这个想象是真的，才能得出确立一个关于拿破仑的陈述的真的规范方式吗？肯定不会。为了理解“拿破仑”这个名字，人们必须知道，如果拿破仑活着，那么把某人等同于他的正确方式或至少**一种**正确的方式是什么。

在普赖尔的时态逻辑语义中，一个命题只是由一个类型句表达的。构成其它所有句子的基本类型句是现在时，或者更确切地说，它的主要动词是无时态的；时间指示词，无论仅仅是对时态过去或未来的反映，还是像“两小时前”这样的短语，都被处理为**句子算子**。这种关于命题的看法是不是正确的，或者我们是不是应该把一个由带有时间索引指示词的句子表达的命题看作是部分由言语表述的现实或假设的时间确定的，乃是一个我们已经看到我们可以按照便利自由处理的问题，而且第二种选择便利得多。

然而，普赖尔把时态处理为一种表现我们获得一种理解时态的方式，这无疑是正确的。我们不是学习某物（比如）在任意的时候是易碎的或者在任意的时候是湿的乃是什么意思，然后，在懂得“现在”这个副词指什么时间以后，把我们这两个认识结合起来，从而最终把握某物现在是易碎的或现在是湿的乃是什么意思。相反，我们首先学习判断当下某物是不是易碎的或湿的，由此懂的某物是易碎的或是湿的乃是什么意思，然后把我们对时态的理解应用于它，从而弄清楚说某物将是易碎的或过去是湿的乃是什么意思。一个小孩逐渐慢慢学会如何建立一个时间框架：最初谈论非常近的或非常迫近的事物状态，然后谈论一些天以前他目睹的或一些天之后他将经历的事物状态，然后谈论成年人记忆或预期的跨越一些岁月或年代的事件。当他能够弄懂关于在他出生以前发生了什么事情或事情是什么样子的谈论时，然后弄懂在他所知道的任何人出生之前，甚至在人类存在之前事情是什么样子的谈论
时，一个界线被不知不觉地跨越了。若是在一个世界中，过去的所 76
有物理过程非常缓慢，因而今天实际上用一秒钟的东西过去要用一年（或者若是在一个世界中，我们过去的心理过程非常快速，因而过去体验为一秒钟持续的时间现在对我们则是一年），这种框架的形成很可能会是不可能的；我们可能获得不了任何关于过去时间或将来时间的看法。而实际上，看到一个小孩如何形成这个框架，乃是不困难的。

进一步的步骤只出现在成年时期，而且常常不仅在此时期。我们说一个时钟告诉我们时间，而且我们认为时间稳定地流动，而时间的流动是可以由这个时钟衡量的。这幅图画是引人误解的：我们选择把什么东西当作一个时钟**规定**了我们将把什么东西当作同样长的持续时间。在这种情况下，比如说，当定义一年的这个过程那时尚未开始，太阳系那时尚未存在时，我们如何能够弄清楚一个以年给定的时间定位呢？显然，因为地球围绕太阳运转没有为了这个目的被当作这个相关的时钟。我们如何能够赋予谈论宇宙历史的最初四分钟或四秒钟以一种意义呢？流行的宇宙解释很少会自找麻烦回答这个问题；回答显然是需要的。然而，至关重要的一点是，我们对过去时的把握就在于我们有能力把事件定位在一个**框架**内，无论这个框架是如何确立起来的。

一个有正当性论的意义理论家若是做如下的事情会是错误的：他把有正当性论的论证应用于对过去时的解释，因而把一个过去时陈述的涵义看作是由这样一种东西给定的，这种东西会说明做出该陈述时的断定是正当的。关于将来时陈述，没有人们会受到诱惑这样做，因为如下说法是自然的：应该等到它们指称的时间，然后确定事情那时是什么样子的，以此可以说明它们是正当的。
77 然而，如果我们屈从于过去时陈述的诱惑，我们就会把它们的涵义看作是由过去实践的当下记忆和当下追忆给定的；但是在这种情况下，真值联系就会迫使我们认为过去本身是变化的，而这是一种我们将不得不承认我们无法有意义地明确表达的观点。当然，我们不得不把我们对时态陈述的理解看作是从我们心灵的双重运算得到的。我们学会如何认识到时态陈述应用于现在时时是成立的，以此把握这些时态陈述的无时态基础在任何给定时刻都真的乃是什么意思；但是为了理解附加了不是现在时时态的陈述，我们把它们定位在我们的时间框架内，把它们领会为说明的是，在一个给定的与我们现在所处不同的时间定位，事物过去是什么样子的或将是什么样子的。

从考虑关于过去的演绎推理得出，这一定是关于这个问题的正确说明。一种有正当性论的意义理论只承认构造性推理是有效的。一个构造性论证将从现在能够证实的前提到一个现在能够证实的结论；它将提供一种方法，给定了对前提的当下证实，可以达到对结论的当下证实。因此，如果前提和结论是现在时的时候，从前者到后者保留下来的性质将是确立它们的真的可能性。然而，我们不能合理地假定，一种用于关于当下的陈述则会是有效的论

证形式，若是用于关于过去的陈述会失去它的有效性的话；我们不
能合理地假定，在某种意义上说，过去乃是比现在**更**不确定的。但
是，经验陈述与数学陈述不同，它们能够失去是可证实的特征或是
可判定的特征。如果一个以过去时表示的结论是借助一个构造性
论证从一些也是以过去时表示的前提得到的，而这些前提是在它
们与之相关的时间被证实的，那么就得不出这个结论是现在能够
证实的，更得不出这个结论实际上是那时被证实的：只能得出，这
个结论在相关时间**可能会是**证实了的。一个圆柱形与一个平面相 78
交于一个椭圆形；因此，如果**这个**对象已被测量并被表明是一个圆
柱形，而且**那个**表面已被表明是一个平面的一部分，那么它们的截
面将是一个椭圆形，而且这个事实能够被证实。因此，如果某物过
去被表明是一个圆柱形并且与一个被表明是平面的表面相交，那
么它们的截面就一定已是一个椭圆形，但是如果这个圆柱形和这
个表面都没有了，我们就无法再证实这个结论。如果不能保证有
关过去的论证会产生可能**现在**最终会被确立的结论，我们就不会
像有正当性论者那样声称关于过去的论证是无效的，那么我们就
应该只允许从关于过去的事实得出最不足道的推论；在拒绝与我
们允许从关于当下事实得出的推论类似的推论的过程中，我们应
该否认演绎推理在**能够**推进我们关于当下或未来的知识或者我们
关于无时间性的数学事实的知识的意义上总是可以推进我们关于
过去的知识。适合于演绎推理的一定也适合于那些可判定的现在
时陈述的过去时形式，而我们承认这些现在时陈述是二值的。二
值必须也适合于与这些陈述相应的过去时陈述，尽管它们不再能
够被判定，但是它们可能会在那时被判定了。目击查理一世死刑

的人数必然是奇数或偶数，尽管我们现在说不出是哪一种数。

这可能看上去是对实在论的极大让步。许多人会倾向于问：“既然这样，为什么不与它完全一致呢？”这个问题是这样一些人的，他们把实在论看作是真信念，他们渴望耐心说服不相信的人，让他们也回到实在论。但是，我们应该仅在如下程度上坚持实在论：一种对我们语言的句子的理解（这种理解支撑着我们对这些句子的使用）的准确说明需要实在论。把理解一个陈述总括地说明为知道它是真的乃是什么意思是无用的，因为这是循环的：它企图以拥有关于一个思想的思想来解释把握这个思想乃是什么意思。
79 如果说有什么实在论的辩护，那绝不会是这个说明。普通的理由是，我们最初学习的句子形式是可判定的，比如“外面是雾蒙蒙的”；人们可以同意，把握以陈述的方式形成的陈述是真的乃是什么意思——例如，陈述是雾蒙蒙的乃是什么意思——就在于在状况合适时有能力判定它们。随着我们的语言变得越来越复杂，我们学习理解更复杂的句子形式。如果仔细考察掌握涵盖无穷多整体的量化表达方式的用法所需要的东西，人们就会发现，在任何地方，真这个概念应用于牵涉到它的陈述都不会与我们把真赋予它们的根据无关，而且在任何地方，关于陈述是真的乃是什么意思的知识不会与这些根据无关；因此就需要一种关于陈述的直接有正当性论的说明。但是，真值联系确实迫使我们承认，有一个地方，表示时态陈述的真之概念与它们的当下证据无关；我们不能通过如下解释真值联系来构造一种可信赖的陈述用法的说明，即把这种联系解释为不过是不允许我们把不同的真值指派给不同时间做出的有联系的言语表述。哲学家的任务不是预先做出赞同或反对

实在论的承诺，而是发现，为了描述我们对我们语言的理解，一定会在哪里和多大程度上引发实在论的考虑：因为可能会引发实在论的考虑只是因为一定会引发它们。

看来我们应该谈论的好像不是一个时间框架，而是一个空间-时间框架。相对论的考虑要求我们把所有那些关于我们原则上无法影响、原则上也不受其影响的事件，即我们聚焦之外的事件的陈述与关于过去的陈述一道分类。一个预测两年以后在比邻星这颗行星发生的事件属于这个范畴，因为这颗行星距离太阳 4.5 光年。但是我们的时空概念结合得比把时间看作四维之一更为紧密。我们关于远于我们肢体可及距离的概念是与我们的肢体达到这些距离所用的时间密切结合在一起的；从最初的观念，一如徒步一小时路程的概念，到复杂的观念，比如光年概念，都有这种联系。一种 80
关于我们所采用的空间框架的准确说明不会只是重复关于我们时间概念所应该说的东西。

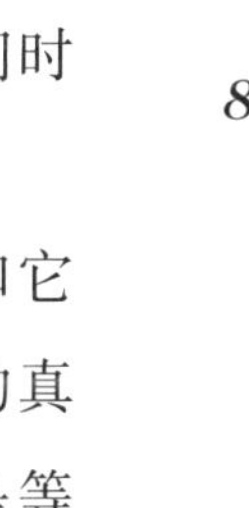

那么，我们迄今所审视的一种有正当性论的语义如何与和它相符合的关于实在的形而上学观点有关呢？我们把一个命题的真不是等同于我们有什么方法可以说明对它的断定是正当，而是等同于我们有或曾经有能力获得这样一种正当性说明。得出的这种真之概念制约着我们，使我们把世界的一些特征看作是确定的，因为如果知道世界的特征的结果不依赖于任何不确定的因素，我们就有一种能行的方法确定世界的特征。

如果我们的语言允许我们只构造一些我们若处于合适的时间和空间中就应该有一种能行方法判定的陈述，那么在有关语言的实在论或真之条件语义学的逻辑推论与有正当性论的语义学的逻辑推论之间就不会有什么区别：这两种情况都会承认经典逻辑是有效的。接受那种逻辑的理由确实会是不同的：真之条件语义学和有正当性论的语义学不会是重合的。二者都会认为排中律的每一种情况是有效的；但是有正当性论的语义学会在一些命题拒绝二值，这些命题的真值过去从未判定，而且它们不依赖于已知有确定真值的命题。这确实会在这两种语义理论的形而上学推论上产生一种区别；但这不是一种很大的区别，因为它们有分歧的那些命题数量会非常小。

这两种理论之间出现了一种实质性的分歧，因为我们能够构造不可判定的陈述。实在论者不承认可判定陈述和不可判定陈述之间原则上有任何差异；由于未能感觉到这样一种差异，他们忽略了这里所论证的有正当性论的观点对实在论做出让步的基础。然而，对于许多不可判定的命题来说，任何迫使人相信这样让步的理

81 由都不成立。没有什么东西强迫我们把一个确定的真值赋予一个命题，使得某时会发生某一种特定事件（比如一颗彗星将与地球相撞），只要它依然是可能的，尽管它既没有发生，也不是不可避免的。如果不确定性被赋予牵涉到涵盖所有将来时量化表达的命题，那么并不要求任何更为根本的命题是真值不确定的。确定论者认为宇宙的整个未来尚未成熟地包含在它的现在状态之中。他们确实主张一定有这样更为根本的命题，即使他们不能说出任何一个；但是，如果我们不考虑这样深刻的形而上学信念，我们就没有理由相信它们的存在。我将在下一章简要讨论决定论；眼下让我们暂不考虑它。

在反事实命题那里，情况怎么样呢？它们以及一般而言虚拟

条件式都是不可判定命题的范例情况。它们确实是我们很少倾向于认为二值原则适用的命题。我们常常被迫想知道，如果我们在生命的某个转折点做出不同的决定，那么会发生什么情况；但是反思表明，对这个问题不必有明确的回答。其它许多情况可能会影响那个结果；没有什么事情会发生。

这适用于与某种假设度量或检验的结果有关的命题吗？如果进行度量或检验，那么它决定某种量的大小或某个对象的特征；许多量是通过可以如何度量它们来定义的，许多性质是通过检验对它们的拥有而定义的。在非常大的情况范围里，我们认为理所当然的情况是，即使没有进行度量，给定的量也会有确定的大小，而且，即使没有进行拥有性质的检验，有关对象也会拥有它或不拥有它。因此，把特定的大小指派给量，这种意思其实就是反事实条件件 82
式的意思，就是说，如果以任何方式进行一种度量，无论我们现在是不是可以有这样的方法，它都会大致得到那种结果；对于把给定的性质赋予那个对象，情况也类似。那么对于一个与进行度量或检验会产生的结果有关的命题，对于任何可能等同于这样一个反事实条件式的命题，我们应该否认它确定地是真的或假的吗？

我们已经看过一个这样的命题：那个与某个篮子里苹果数相关的命题。度量或检验的结果总是可判定的。通过计数来确定基数类似于通过度量来确定一种量的大小；而且我们判定我们不能把一个关于苹果数的命题看作缺少一个确定的真值，即使没有数过这些苹果而且再也不能数了。

然而，反事实命题一般不满足二值。一个人若是在某个特定场合遇到我，反应会是什么样子的，对这个问题不必有一个确定的回答。如果他是粗鲁和暴躁的，他可能会侮辱我，可能会发脾气；但他实际上会怎么做，可能是不确定的。人没有内在机制决定在任何给定的情况会怎么做。同样，人们可以有理由认为，并非每一次检验都会揭示一种客观性质。网球运动员的能力无疑是不同的；但若是以为每一个网球运动员都拥有确定程度的技术，因而每次比赛的结果是预先确定的，则是迷信。因此，不能把一场比赛看作是一次表明两个运动员哪一个更技术的检验，因为这样一种检验会缺乏确定一种客观尺度所要求的预测力。由于这个原因，一种反事实情况，比如说如果两个给定的水平相当的运动员要打一
83 场比赛，其中某一个会赢，就不能被看作有一个确定的真值。

物理性质的检验和物理量的度量，比如用石蕊试纸检验酸性或碱性，被正确地看作是不同的。这种差异部分地取决于检验的稳定性：用石蕊试纸对相同溶液重复实验得出相同结果，而相同网球运动员之间的重复比赛，结果却发生变化。如果这些比赛总是有相同结果，我们就会得出结论说其中一个运动员一定比另一个好，并且把这当作一个客观事实。但是在物理性质和量这里有另一个原因：科学在很大程度上揭示了支持它们的基础。一种具有纯粹人类意义的性质可能是由一个对象的过去构造起来的。某人可能珍惜一个戒指，因为它是他父亲生前戴的那个；如果他丢失了它，给他一个完全一样的复制品不会使他得到安慰。这个与他丢失的戒指不必有任何可辨别的差异：差异只**是**那是他父亲戴的戒指。维特根斯坦不太认真地想象，不可区别的种子可能会长成不同的植物，只是因为它们的起源不同；但是我们知道，无生命对象的不同变化只能是由于它们**当下**构成的一种差异，而不仅仅是由

于它们历史的差异。我们能够解释(或者至少说明)过去历史和未来发生的变化之间当下的物理联系。一旦确立了这种联系,我们关于物理性质的看法就会发生变化:不再倾向于对一种检验做出特定的反应,而是要对解释这种反应的支撑机制做出特定的反应。

正是这个事实驱使我们把有可靠结果的物理检验当作对一种客观性质的拥有的揭示;我们这样看待物理检验,人们不会有什么争议。性质的客观状态诱使我们假定,一个给定对象确定地在所有情况,包括那些没有进行检验的情况下,要么拥有它要么缺乏 84
它;但是,从有正当性论的观点看,保证这样一种确定性是不够的。正如有基本的量,比如质量一样,也有基本的性质,比如形状;某种东西可能引起一个对象有它所具有的形状,但是一个对象有这种形状却不是由于它有任何更基础的性质构成的。在有正当性论的意义理论的条件下,对任何一个对象,如果过去没有抓住而且现在又已失去了观察或检验它拥有一种给定的基本性质的机会,那么,我们就不可能有一般的理由认为,它必定确定地要么拥有要么缺乏这种性质。但是,把不确保有一个确定真值的命题与确保有一个确定真值的命题分开的界线,不是划在那些赋予基本性质的命题和那些赋予依赖性质(即这样的性质,拥有它们乃是由拥有更为根本的性质构成的)的命题之间。所有依赖性质最终都是基本性质的结果:如果一个对象是不是有一种依赖性质乃是确定的,那么它是不是有一种基本性质,而这种依赖性质乃是它的结果,就一定是确定的。

85 第七章 如其自身所是的实在

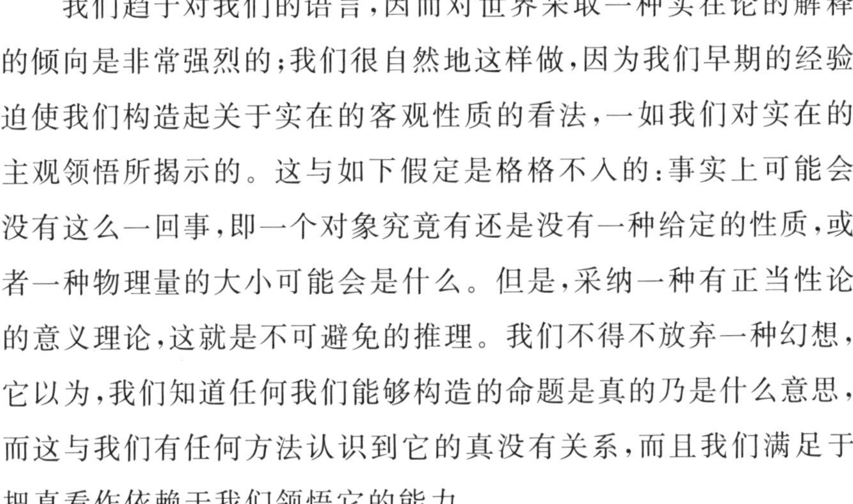

我们趋于对我们的语言，因而对世界采取一种实在论的解释的倾向是非常强烈的；我们很自然地这样做，因为我们早期的经验迫使我们构造起关于实在的客观性质的看法，一如我们对实在的主观领悟所揭示的。这与如下假定是格格不入的：事实上可能会没有这么一回事，即一个对象究竟有还是没有一种给定的性质，或者一种物理量的大小可能会是什么。但是，采纳一种有正当性论的意义理论，这就是不可避免的推理。我们不得不放弃一种幻想，它以为，我们知道任何我们能够构造的命题是真的乃是什么意思，而这与我们有任何方法认识到它的真没有关系，而且我们满足于把真看作依赖于我们领悟它的能力。

一个给定量的大小是什么，并非总是**完全**不确定的。它的大小必定在某个区间之内，而这个区间是我们能够确定估计的，即使我们不进行测量。不必确定的是给定区间内这个量的准确的值：确实，如果能以一个合适的单位和一个实数来说明一个量的确切的大小，那么任何量的大小是什么就**绝不**是确定的。除了在合理端点的区间内，我们绝不能度量任何量的大小，这乃是自明的；但
86 是这通常被看作是人类能力的极限。我们根据经典的连续统模型考虑物理实在；所有量，包括时间持续，都有以实数给定的、相对于

选定单位的确切大小；恰恰是这个模型，我们的能力不能完全确定地扩展它。

这个模型当然不是从我们关于世界的经验得出来的：它是一个我们**强加**给实在的数学模型；而且其匹配是非常不完善的。一个从实数到实数的函数乃是由它对各个作自变元的实数的值给定的。除非这个函数是以某种方式受限的，否则它对任何一个自变元的值乃是独立于它对任何其它自变元的值而确定的。当这个模型应用于物理实在的时候，物理论域的每一个特征都被看作可从每一个基本量——就是说，每一个不是通过算术运算或通过微分或积分以其它量可定义的量——在各个时刻的大小得出来的。这种匹配的不完善性主要是由如下这一点表现出来的，即这种看法未能把基本量大小的变化的连续性展现作为一种概念必然性，而非仅仅是物理必然性的：这个模型允许一些物理上可能无法实现的描述。应该被看作根本的东西不是一个基本量在某一时刻的大小，而是它超出一个区间的也许是可变的大小，这里不把这个区间看作有确切的端点。适合于我们确定一个量的大小——或时间中的一个点——的，不是由于对人类能力的限制：它是物理实在本身的一种特征。一个量的大小是某种处于一个不精确区间的东西，也许在一个更小的区间内能够被确定，但是不拥有一个由确定的实数给定的精确值。

正是由于这个原因，绝对论是一种荒谬的学说。在一个混沌的动态系统中，临界条件、初始参数的微小变化会在随后的系统状态中产生非常大的差异；为此，我们不能预测随后的状态是什么。但是人们通常假定，这样一个系统可能是决定论的：严格给定了初 87

始参数的值，该系统随后的状态就是由它所遵从的规律决定的；我们不能预测它，只是由于我们的测量不可避免地是不精确的。不可预测性和决定方式的调和依赖于实在论按照传统连续统模型对于实在的看法：它假定初始参数一定有由实数给定的精确的值。这个假定是想象的，是实在论的想象，尽管它在我们的思维活动中根深蒂固，却是必须被抛弃的。一个量有*精确的*大小，这个大小是由可是有理的、代数的、超越的实数以任何选定的单位给定的，这个假定是一个典型的命题，我们已经说过，不能赋予它意义，即这是一个我们原则上甚至无法最终知道的命题。一旦拒绝了这种想象，另一种想象，即决定论，也就由于缺乏支持而寿终正寝。

这样我们懂得了与有正当性论语义学相联系的真这个概念的两个特征。首先，不能假定二值适合于我们能把握其涵义的所有陈述。尤其是，它一般不适合于不可判定的陈述，这些陈述的真不是由可判定陈述的真构成的。我们需要一个扼要的词来表示这类陈述：让我们称它们为“不可及陈述”。我们不能声称，每一个我们不知道是真的和不知道是假的不可及陈述，依然确定地要么*是*真的要么*是*假的。由此得出，事实可能比认同二值原则的实在论者所假定的要少。实在是，或者确切地说，可能是在一些方面不确定的：存在一些我们能够问，但可能没有答案的可理解的问题——哪
88 一种情况也不是确定的。一个询问某个量的确切大小的问题（这里“确切”是字面意思）必须不算在这些情况之内：既然我们不*会*知道回答，那么这个问题就不是明白可理解的。

有些令人困惑的是，许多相信世界是被创造的人都坚持二值原则。没有什么约束一个虚构故事的作者把他虚构的世界的每一

个细节都搞成确定的;那么为什么应该以一个人类作家不受约束的方式来约束上帝呢？回答可能是,这是因为上帝的创造是实在的,而人类作家的世界只是使人相信的:但是这种区别为什么应该影响他们各自创造的确定性呢？有人可能会认为,如果没有上帝而且世界不是创造出来的,那么实在的世界和虚构的世界之间的鲜明对照就会为完全确定性提供根据:但是,如果世界有一个创造者,那么上帝当然同样可以自由地使世界的一些细节没有得到确定,一如一个人类作家那样。这一区别的论证可能在于,不用明确说明一个东西的尺寸或颜色,你就能描述某种东西,但是不做出具有特定尺寸和颜色的东西,你就不能制造任何东西,比如一个玩具袋鼠。同样,仅仅虚构存在的东西可能是不确定的,因为它仅仅存在于关于它的不完整的描述中,而实在的东西一定是完全确定的,无论是不是有一个创造者。这个论证,在应用于被看作是非创造的宇宙时,不过是假定了它旨在证明的东西。另一方面,当它应用于被看作是创造的宇宙时,它没有根据地限制上帝的全能性。我们决不能确立任何命题既不是真的也不是假的,因为对我们来说,某物不是真的就相当于它是假的——就是说,相当于它的真有了障碍。因此,除了具有某种颜色和某种大致尺度的东西外,我们,至少我们这些视力没有受到损害的人,无法看到任何东西。因此,除了具有某种颜色和某种大致尺度的东西外,我们不能制造任何东西,任何我们能够观察的东西。但是,如果上帝是宇宙中所有东西的创造者,我们就不应该认为他制造这样一些东西,它们一旦被制造出来,就自足地并且独立于他而存在。它们只是像它们的创 89
造者想象的那样存在,正如人类创造者对小说的创造一样。只有

操纵某种预先存在的材料，我们才能制造一个物理对象，但是上帝通过他的思想进行创造——“上帝说：‘要有光’，就有了光。”因此，如果上帝不把他创造的任何部分的所有方面都看作是完全确定的，它就不是完全确定的。

许多人是实在论者。他们把实在看作除了一点以外是完全确定的，把未来看作极大的例外。他们不认为二值适合于未来时陈述，或者，他们把未来的事实看作是现在得到的，而未来依然是未来。对于他们来说，未来在很大程度上，甚至完全是不确定的；将来时陈述只是在它们与之相关的时间才成为真的或假的，因此根据他们的观点，实在是随着新事实的出现而积累的。然而，这种关于未来的思考方式与实在论的观点是断然不一致的。实在论者相信，我们对任何陈述的涵义的把握就在于知道它是真的乃是什么意思。对于一个有正当性论者来说，对一个陈述的涵义的把握就在于知道如何能够认识到它是真的。如果它是将来时，那么只有在与之相关的时间，而不是在说出它的时间，才能最后明确认识到它是真的。但是这并不产生如下问题：我们把握它的涵义乃是什么意思呢？但是，根据关于理解的真值条件的说明，如果一个陈述不能是真的，那么就不会有知道什么是对它是真的之认识这样的事情，因此也就不会有把握它的涵义这样的事情：它可能没有涵义。因此，一个实在论者不能协调一致地赞同如下观点：将来时陈述只在它们与之相关的时间中才成为真的或假的；他必须采纳另一种看法，根据这种看法，未来事实是已经得到的，而且在等待我们达到有关时间的时候去观察它们。

但是有正当性论者难道不是处于相似的境地吗？我论证过，

他应该将把握一个过去时陈述的涵义看作就在于，不是知道它如 90
何能够现在或将来被确立起来，而是知道它如何可能会在它与之相关的时间中被确立起来。他这样做是因为他对时态的理解是以他学会构造的时间框架做中介的。难道这个时间框架不向未来延伸吗？因此，难道他不应该根据关于未来的陈述是不是在它们与之相关的时间中被证实而把它们看作*现在*是真的或假的吗？

作为论证，这不过是假定了未经证明的论题。你要是怀疑现在是否有任何关于在一个给定时间将发生某个事件的事实，那么就不能说服你相信，有一个关于是不是将会看到它在那时发生的事实。人们可能会说，这同样适用于过去。对于一个认为没有关于过去发生的事情而只有我们当下有证据的事情的事实的怀疑论者而言，反对有关于过去看到或可能已经看到发生了的事情的事实，乃是没有用的。我不渴望反驳这种怀疑论者的观点：我只是指出它那令人非常厌烦的形而上学推论。关于未来的相应观点没有这样的推论。

但是真值联系又是什么情况呢？如果现在说“现在这里暴雨倾盆”是真的，那么真值联系难道不迫使我们允许，如果克拉拉昨天说“明天这里将暴雨倾盆”，她会说出某种真东西吗？它确实迫使我们允许这样：但是它不迫使我们说，克拉拉说的在她说的时候就*已经*是真的了。我们现在正确地判断她说的是真的。我们这样说是基于我们现在看到和听到的；但是她的陈述*要求*它在实现她的预测时是真的。

我已经论证了，适合于有正当性论的意义理论的真之概念在过去和未来之间是不对称的。一些人讨厌这种不对称性。但是，如果我们认识到，在关于我们不能影响的事件和我们原则上可能会影响或至少为其传递信息的事件之间，即那些在我们未来聚焦之外和那些在我们未来聚焦之内的事件之间，确实存在着这种对
91 照，那么情况就会改变。如果这样陈述，就不会再有任何这种严格意义上的不对称性。

我并不是在论证，任何关于未来的陈述只有到它们与之相关的时间才能是真的，一些事件能够被肯定地预测，而且，任何这样的预测，由于基于不可置疑的证据，因而在预测时都是真的。基督教的信仰包括相信，死人将复活，并且被审判，而且这以后人类不会增加什么。基于神的启示，一个基督徒将判断他所信仰的这一条入教誓言是真的。只有对有关未来的不确定陈述，我们才能说，如果它们确实是真的，那么只有当它们实现的时候，它们才能是真的。

因此，从关于意义的有正当性论的看法得出的形而上学的第二个特征是：实在是积累的。这并非仅仅凭借关于未来的预测的实现或证伪。根据有正当性论的观点，对于不可及的命题，没有什么合法的真之概念，而只有它们被确立为真。很少有什么关于将在某个未来时间成立的东西的陈述能够在那时之前被确立，不仅如此，而且其它一些此前未被确立的陈述也可能会在它们与之相关的时间很久以后被确立。逐渐积累的事实包括这样一些事实，它们乃是关于在它们成为事实之前就成立的东西的。

当然，这样的谈论方式是悖谬的。当我们发现某种关于过去的东西时，我们只有一个时间指示词用来报告它，因此谈论它就好像从所指示的时间以来一直成立。尽管如此，从有正当性论的观

点看，我们无权将它成立**的**时间与我们的发现把事实状况赋予它**时**的时间混淆起来。我们自然地考虑事实或被教会的考虑事实的实在论的方式乃是不可改变的和独立于我们的。我们**发现**是什么样子和一直总是什么样子的事情一些方面，无论我们过去是不是会去发现这一事情。我们就像盲人走过一间屋子，感觉到遭遇的一些对象；它们很久以来一直在那里，而且即使这间屋子一直完全 92
没有人，它们也会在那里。由于实在显然是难以驾驭的，这个想象被强化了：我们能够在某种程度上选择所关注的东西，但是我们不能选择当我们关注时我们所发现的东西。我们不创造世界；我们必须接受它所提供给我们的东西。

然而，尽管事实确实将它们强加给了我们，但是我们却不能由此推论，在我们发现它们之前，它们在那里等待着被发现，更不能由此推论，即使我们没有发现它们，它们也会在那里。根据一种有正当性论的观点，正确的想象是盲人探索者那样的想象：他们遇到一些他们只在周围感知它们时才会存在的对象。

这样，我们的世界是由我们关于它所知道或可能已经知道的东西构成的。一个实在论者可能会模仿这种说法，根据是，如果一个命题是真的，那么它可能会被知道或可能会已经被知道是真的。然而，根据一种有正当性论的观点，我们可能已经知道的东西只扩展到我们拥有的能行方法可以发现的程度：不是从它是真的衍推出可能知道它，而是正相反。说我们**构造**世界是错误的，因为我们控制不了我们发现它是什么样子；但是可以说，世界是由我们对它的探索形成的。

我正在谈论的世界是**我们的**世界，即我们所领会的世界。当然，我们领会世界是什么样子的能力依赖于我们拥有的概念——就是说，依赖于我们描述它的能力。我们可能思考一些存在，它们拥有我们缺乏的概念。我们现在有一些五百年前无人拥有的概念，凭借这个事实，这就不是一种幻想：如果把这些概念看作是我们从不能获得的概念，这就变成一种幻想。·般不是通过定义，而是通过以我们现在所拥有的语言的**解释**，一些新概念，即不是技术发展而是我们思想深化的结果，被传给我们；这个过程是神秘的，
93 值得更深入地仔细考察。但是，以为有一些存在操纵着我们绝不可能获得的概念，乃是有问题的：我们如何能够知道它们确实有任何这样的概念呢？如果仍然允许这个幻想，那么就会得出这些存在居住在一个与我们不同的世界：它们理解世界的方式，我们用来却不能理解，因此它们的世界是不同的世界，尽管无疑是一个与我们的世界相交的世界。

难道这与一种对我们的世界观来说非常根本的区别，即事物对我们表现出来的样子和它们本身是怎么一回事之间的区别不冲突吗？一个小孩随着其长大，学习以多重方式应用这种区别。我的一个女儿在很小的时候一度看到一盏街灯就会来回飞快地摇头并且说："看看如果我这样做对这盏灯会发生什么"：这样，关于事物看上去是什么样子和它们是怎么一回事之间的区别，她学了小小的一课。我们一直有一种强烈愿望，就是达到现象背后和发现事物自身是怎么一回事：这是科学的动机之一。而且科学肯定教会我们许多关于事物自身是怎么一回事的知识，其中大量知识形成了那些不太懂也不太在乎科学的人关于世界的看法的背景。

一个清楚的例子是我们关于声音是什么的知识。一些像我们

一样聪慧，但是缺乏我们拥有的好奇心的造物可能会满足于接受声音，一如接受碰巧处于世界之中的许多事物中的某些事物。但是我们想知道声音**是**什么。最不科学的人现在关于世界的看法中充满了这种知识。为了寻求认识这一点，我们不再仅仅努力获得与主体性区别开来的主体相互间的东西；我们的目的是要理解与内在的东西区别开来的外在的东西。我们的感知经验是由我们感觉器官的本性和外部实在对我们的影响共同决定的。声音是我们听见的东西；我们想知道外部实在对我们听见声音的贡献是什么，我们以这种方式领会什么是外部事件。只有当我们由于发现这一 94
点而使我们的声音概念得到调整后，下面的说法才能是有意义的：比如，狗能够听见音调高得我们感知不到的声音。

事物自身是怎么一回事，这样说是什么意思呢？更确切地说，说把事物描述为它们自身所是的那样乃是什么意思呢？科学越来越追求就意义而言以不依赖于人类经验模式或宇宙中人类地位的术语进行描述。当然，在我们的语言中，到处都是不依赖于这些东西的术语；如果不是这样，我们也不会学它。“up”（上）这个词是一个明显的例子。按照最初的理解，上/下乃是轴心之一，参照它而确定宇宙中任何事物的定位；一旦人类知道了地球表面大致不是一个平面，而是有限封闭的，我们立即认识到，“上”和“above”（在……之上），“down”（下）和“below”（在……之下）指的是仅仅相对于地球表面某一个位置的方向。一种按照我们感知实在的方式给定意义的描述，在那种程度上，乃是一种由事物对我们表现出来的样子做中介的描述。我们追求一种完全独立于我们的经验的描述，因而知道这种经验部分地由我们观察的东西，部分地由我们偶

然的感觉器官、尺度、定位和其它特征所决定。我们问:“什么**是**声音?”“什么**是**颜色?”,然后问:“什么**是**光?”有时候我们被物理学家给我们的答案搞得困惑不解(任何一个东西怎么能既是一个波又是一个粒子呢?)。一种更为复杂的问题是“时间上在先(或空间距离)是绝对的还是相对的?”我们正在努力发现一种独立于我们观察模式的有关物理宇宙的描述。

这种对我们关于世界的描述的逐渐不断的清洗,目的何在呢?它应该达到一种关于事物自身是怎么一回事的说明,根本不依赖于我们经验它们的特殊方式或者不依赖于直接或间接观察它们的特殊方式。然而,当我们的描述完全纯净了以后,所有留给我们和
95 能够留给我们的就是抽象的数学模型。这样纯粹抽象的模型只在几个阶段与我们的经验相联系;理论用它们来解释我们观察的东西,以此赋予它们因果功效。作为一种科学解释,这是完全令人满意的;但是对于我们想知道事物自身是怎么一回事的雄心壮志,情况是什么样子呢?有什么东西自身乃是一个骨骼抽象结构,这不仅是不可信的,而且这样说也是没有意义的。

第八章　上帝和世界 96

如果宇宙中没有有感觉能力的东西，那么事物自身所是的方式就是可以描述它们的唯一方式。这是什么意思？由谁来描述？上帝，人们可能回答说。上帝没有特殊的观点，他在世界中没有位置，没有与其它景象相对照的景象。他知道，不是由于对象或事件对他的感知设施产生的影响，而是由于他彻底的真之领悟。上帝领会事物是什么样的，事物自身一定就是那个样子。

作为整体的世界概念是与上帝的概念相互联系的，一如它与世界相对着那样。如果消除了这种对照，就没有余地区别如其自身所是的世界与我们所经验的和发现了是什么样子的世界。世界上确实存在其它有感觉能力的东西：如果在银河的近处或远处不存在，那么在地球这里总是存在。它们经验这个世界；但是，由于它们的感觉能力与我们的常常是非常不同的，而且它们的理性能力也是显著不同的，因此它们一定居住在与我们的世界不同的世界里——即一些与我们的世界相交的世界，我们对这些世界只能形成模糊的看法。我们遇到它们：我们看见它们，它们也看见我们，我们能够触及或抚摩它们，它们能够撞、咬或刺我们。但是，我们不仅只能外在地描述它们的感觉经验；而且对于它们关于世界的判断由之而建立的概念，我们也只能得到模糊混乱的看法。这 97

些判断的组成部分是否可恰当地称为“概念”甚至都是不清楚的。我们不能把握它们的词是什么样子的；如果一只狮子能说话，我们也不能理解它。

但是，各种各样动物的“世界”肯定不过是这一个世界，即自身所是的世界在这些动物的意识部分地和扭曲地投影。如果世界是由真命题的整体构成的，那么这是没有意义的。命题是由概念构造起来的；因此，命题的整体不能独立于任何特殊的理智资源而被设想，因为这些资源含有这些命题由之能够形成的概念词汇；同样，自身所是的世界也不能独立于任何心灵是如何领会它的而被设想。若是存在一个没有有感觉能力的东西的宇宙，那么会怎么样呢？在上帝创造了一个从未有任何动物能够整个地经验的物质宇宙和上帝根本都没有创造之间，会有什么区别呢？或者确切地说，在他创造这样一个宇宙和他仅仅想象它之间，区别会是什么呢？它的**存在**会形成什么区别呢？肯定不会有区别：所谓物质和辐射存在，就是可以感知它们或推出它们的出现。如果没有动物对一个辐射和物质对象的合成物有任何感知，就没有任何东西会构成它的存在。这并不是说没有感知不到和推论不出的物质或辐射；但是，除非存在着有感觉能力和理性的观察者，否则就**不可能**会出现观察或推理。

但是我们不能想象一个缺乏有感觉能力的动物的宇宙吗？我们可以想象观察一个世界，那里面没有**其他**观察者。但这并不是在想象一个没有观察者的宇宙。这样，难道不可能设想世界如同我们以为它自身所是的那样，只是缺少有感觉能力的居住者吗？
98 在未被任何参照人类观察能力污染的描述下，把世界设想成它自

身所是的那样，会是想象一种非常详细的数学结构的复合体，它在与无例外的或概率的规律相一致的时间内逐渐发展。原则上我们当然能够设想这样一个复合物，一如我们能够设想其它数学结构，包括动态结构，如果我们愿意的话。但是，明确说明这个结构不是纯抽象的，而是现实存在的，以此会增加些什么呢？这样一种说明会有什么实质性的意义呢？与数学家断定这种或那种结构的存在相比，这样一种结构的存在在某种意义上乃是更强的，这是什么意思呢？

但是一度不是正好有这样一个宇宙，它里面的条件不可能使它里面任何地方会有生命吗？如果宇宙论者的流行信念是可靠的，那么过去确实有这样一个宇宙：但是这并不是关键所在。没有什么逻辑规律是说，如果某物一度是真的，它就可能一直总是真的并将继续永远是真的。我们的世界并非仅仅是由我们观察到的东西构成的，更一般地说，它还是由我们对这个世界认识的或可能会认识的东西构成的。而且，我们的知识不仅是从我们直接感知的东西得出来的，而且也是从我们由我们感知的东西所推出的东西得出来的。我们学会从我们当下观察的东西推论事物过去是什么样子的，包括诉诸依据影响深远的物理理论对我们观察到的东西做出的解释的推论。我们观察到我们的宇宙是这样的，如果流行的宇宙理论是正确的，它就在有限的长久以前有一个开端，随后是一个时代，这时宇宙的任何部分都不可能有持续的生命。宇宙在遥远的过去或遥远的未来，它都没有，也将不会有能够观察任何东西的动物，这一事实丝毫也不说明，设想宇宙在其整个历史上从未被观察过乃是可以理解的。

“如其自身所是的世界”这种看法垮掉了，因为从我们自己的资源，我们不能赋予“世界自身是像什么一样？”这个问题中出现的“像”这个词以什么实质性意义。我们对世界的体验乃是一些东西
99 受到影响的结果，这些东西是由世界中围绕它们的物质和辐射以某种特定方式偶然构成的。通过分解出我们特殊的构成和时空定位，我们努力达到外在因素的纯粹表现。但是在这种研究中借助“像”这样一个词来表达我们的目的，乃是不可理解的，因为这个词需要一种经验说明，因而实际上问，如果我们如世界实际所是那样而不是以某种特殊的方式经验世界，那么我们应该如何经验它？这个问题需要被下面的问题取而代之：“应该如何把世界描述成它是的样子？”这种表述方式非常清楚地表明我们研究的矛盾目的。我们是想寻求一种对实在的描述，而这种描述不会仅仅是一种描述：即一种对事物**如其自身**所是，因而不是在任何特殊的概念词汇内形成的描述。若是表达得更好一些，我们是想寻求获得一种不是以任何描述包装的关于世界的看法；因为任何描述都必须采用特定的概念词汇，而且任何这样的词汇都一定会反映出并且依赖于一些动物领会世界的特定方式，而这些动物的思想是在那种词汇内构成的。但是可以没有这样的东西；关于某物的看法能够只以某种描述它的方式为中介。设想任何事物的方式都不会独立于概念的存储，正是这些概念决定了我们能够获得并且我们判断其真的命题。

这就是为什么我们寻求一种关于世界如其自身所是的看法，最后却得到一些贫乏的数学模型，对于这些数学模型来说，认为“这是实际上有的东西”乃是没有意义的，认为“这就是**全部**实际上

有的东西”则更是没有意义的。我们从一种以“科学实在论”著称的强势看法出发，将它作为我们对科学目的所在的理解：按照这种观点，科学的任务是发现事物自身实际上是什么样子的。我们最终却陷入一种纯粹工具主义的解释：物理理论设定的数学模型是应被接受的，因为它们提供了一种可以预测所要观察的东西（并且也是解释它）的方式，只要我们满足于说这些模型展示了事物**在某种层面上**是什么样子的，也就是说，在这样一种层面上，仅以这种 100
说明的次序来判断，这种解释是最深刻的。

因为**这个**世界是能够独立于我们而被说明的，于是就放弃任何发现它的雄心壮志，满足于描述**我们的**世界，这样简单的做法并不能解决这个困境。因为我们关于世界的知识也是有层次的；一些关于世界的描述，尽管当然是由我们把握的概念构成的，却不如其它一些描述那样归功于我们常识性的经验。“我们的世界”含有声音，或者它只含有声波吗？它含有颜色或者只含有不同波长的光吗？我们借助语词表达命题，而这些语词的涵义在不同程度上都是参照我们的感知经验而给定的；这些涵义决定了各种各样命题应该被判断是为真的或不是真的所依据的标准。当满足这些标准时，我们正确地判断它们是真的；但是我们不能使我们的判断和谐一致。描述若是采用了以非常不同的方式给定的概念，表现为对抗的：它们描述**相同的**场景，但是描述却处于不同层次。我们被诱使将一些描述当作是说事物实际上是什么样的；但是必须拒绝这种诱惑。不仅因为它实际上最终导致与以前相同的贫乏结果——一种缺乏任何实质意义的纯结构描述，而且也因为当我们降至似乎是更基础层次的层次时，遗留在较高层次的东西依然没

有被吸收。在更基础的层次上说明这种遗留的东西，因而使描述的不同层次和谐一致，这种困难产生一些以如下疑问所表达的哲学问题：“有可感觉的性质吗？”或者“什么是意识？”寻求解答常常是声称各层次的描述以其自己的说法是有效的。如果这意味着每个真命题都**是**真的，并且不能被当作**实际上**或**最终**不是真的而被排除，那么这是完全正确的。如果根据承认一个陈述为真的标准，在提供了我们赋予一个陈述的意义的情况下认识到它是真的，那么它就是真的，而且没有什么余地轻视我们赋予它以真。但是如
101 果这意味着不同层次的描述一点也不是对抗性的，那么这种说法就不合法地回避了这个问题。我们不能使我们正确承认同样为真的描述和谐一致；而且，只要我们不能这样做，我们甚至就不是真正知道如何说明我们的世界的特征。

我们达到了以下这个困难的立场。我们不能以完全独立于我们领会世界的方式构想世界，尽管我们承认其它动物以不同的方式领会它。对于其它动物如何领会世界，我们只有最模糊的看法。我们无法对我们和它们以如此不同的方式领会的“这个世界”形成一种看法，恰恰是因为这样一种看法会独立于任何特殊的领会它的特殊方式。我们无法弄懂有一个不被任何心灵领会的世界。然而更糟糕的是，我们自己对这个世界实际上没有任何单一的看法。我们有一些不同的看法，并且知道为了我们各种各样的目的利用哪一种看法，但是我们不能使它们和谐一致，成为一种单一的、统一的看法。

我们把宇宙中的动物和其它可能的有感觉能力或理性的居住者描述为居住在一些与我们的世界不同但与它交叉的世界。这种

常识观点认为，它们居住在同一个世界，但是由于有不同的感觉器官，采用不同的概念，因而它们以不同的方式领会世界。这“同一个世界”一定是那个我们觉得非常渴望发现如何描述的“如其自身所是的世界”。之所以要更浪漫更不可思议地表达这个问题，恰恰是因为关于世界如其自身所是而不是如其被感知或被理性把握的这种看法看来是崩溃了并被证明是不融贯的。然而一定有一种方式证明这种看法是有效的；没有它，就会只有一些混乱的不同的世界，即我们自己的世界和其它动物的世界，而这些世界不能相互融贯地联系在一起。

既然独立于如何领会一个世界或这个世界而谈论它乃是没有什么意义的，那么这一个世界就一定是这样一个世界，它是某个心灵所领会的，然而不是以任何特殊的方式，或从任何一种与任何其 102
它景象不同的景象，而只是如其所是所领会的：它构成这个如其自身所是的世界。我们看到，上帝把事物领会成什么样子事物自身一定就是什么样子。但是现在我们必须反过来说：事物自身是什么样子就在于上帝领会它们的方式。只有以这种方式我们才能说明我们的信念，即有一个像如其自身所是的世界那样的东西，我们以特定的方式领会它，其它动物以其它方式领会它。把世界设想为如其自身所是，要求设想一个心灵，它把世界领会为如其自身所是。

上帝和世界处于相互对立的地位；更确切地说，我们关于上帝的概念和关于整个世界的概念处于相互对立的地位。把世界想象为单一实在，它不是被一个如其所是地领会它的心灵整个认识的，而是被其中的不同动物以不同方式领会的，这种可能性是没有的。

在地球居住的动物中，只有我们不是像世界自身向我们的感觉表现的那样领会它，而是通过我们由观察、计算、实验和理论而获得的知识来领会它，然而我们不能构成一个有关实在的统一看法，无论以科学的方式还是以哲学的方式。仅当有一个心灵完整地如实在本身所是的那样理解实在，才能有一种所有有感觉能力的动物以它们特殊方式所领会的一元实在；而且除非有这样一个心灵来领会，否则我们无法说明谈论如其自身所是的实在有什么意义。

这并不意味着上帝理解下面这件事是什么意思：这个物质宇宙独立于它里面有感知它的有感觉能力的动物而存在。他对物质宇宙的理解一定符合这样一条原理：物质和辐射的存在就是可以感知它们或推论它们的出现。上帝知道一切事物如其所是，他不需要进行推理；感知要求有感觉器官，它们不能是上帝的认识方式。上帝关于物质是如何安排的知识不是观察活动的一种具体情
103 况，比如打油诗里方院中树的情况。它是关于宇宙含有的有感觉能力的创造物将观察的东西的知识。上帝关于物质宇宙的知识就在于把握一种极其复杂的结构，这种结构决定什么东西将被各种各样有感觉能力的创造物根据它们拥有的感官种类和它们在宇宙中的定位而观察到，并且什么东西将被各种各样理性创造物所发现，如果它们企图发现什么事物是其自身；它们的感官和它们的定位本身就是这种结构的部分。

这种结构，一如上帝所想象的，乃是如其自身所是的世界；不能再给这个短语指定其它任何涵义。既然上帝关于事物是怎么样的知识构成了它们是如其所是，他就被正确地称为创造者；这适用于他关于地球上其他居民构造的并承认为真的，但在我们把握之

外的命题的知识，而且同样适用于他关于我们可以构造的并且可以获得其真的命题的知识。只是凭借上帝以其对所有这些命题的认识而构成的它们的真，我们才能把所有有感觉能力的创造物看作是居住在这同一个世界里。

一些人把上帝的知识比作我们意向上关于我们正在做或我们未来将要做的事情的知识。然而，做这样一个比较在这里可能会显得不大适宜。因为迄今为止还没有什么论证说明赋予上帝一种意志乃是正当的，因此也没有什么论证说明赋予上帝以意向、动机或目的乃是正当的。人们自然会以为，如果哲学能够支持把上帝想象成有意志的，那么它一定是因为有一些考虑，它们与这里已经讨论过的考虑不同。确实，我在构成本章基础的最初讲课中也是这样说的。“什么使事物是如其所是的？”这个问题的回答要参照上帝的知识。但是，除非可以认为上帝有意志，否则对“为什么事物是如其所是的？”这个问题就不能如下回答：“上帝愿意，或者至少允许它们是那样的。”

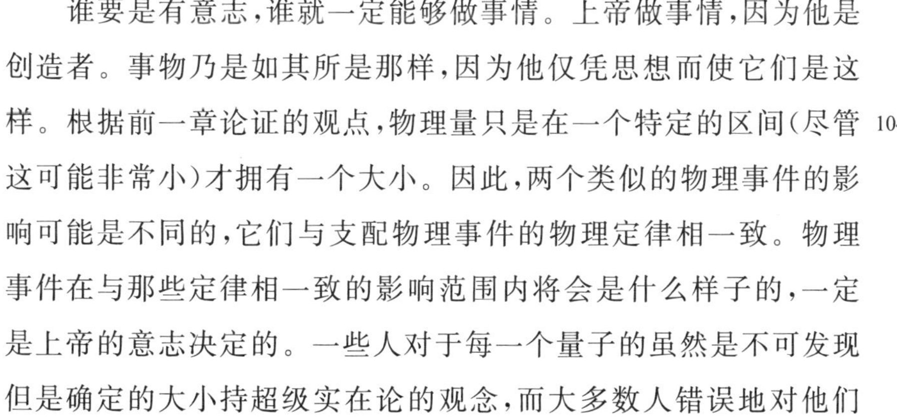

谁要是有意志，谁就一定能够做事情。上帝做事情，因为他是创造者。事物乃是如其所是那样，因为他仅凭思想而使它们是这样。根据前一章论证的观点，物理量只是在一个特定的区间（尽管 104
这可能非常小）才拥有一个大小。因此，两个类似的物理事件的影响可能是不同的，它们与支配物理事件的物理定律相一致。物理事件在与那些定律相一致的影响范围内将会是什么样子的，一定是上帝的意志决定的。一些人对于每一个量子的虽然是不可发现但是确定的大小持超级实在论的观念，而大多数人错误地对他们依声符合。这些人不懂量子力学牵涉到真正的不确定性。即使对

这些人来说，上帝依然是整个物理世界的创造者，因此，是支配这个世界的规律的给定者。创造是一种行为，规律的强制给予也是一种行为：因此上帝拥有有意志的首要资格。

当人们把上帝说成是一个创造者的时候，他们常常怀有不可思议的想象。他们把创造与首创联系起来，其实这与任何以后的时刻没有关系，与第一个时刻也没有关系。对这一点一些人表达了一种影影绰绰的认识，他们说上帝创造了世界并随后认可它是那样的。这种毫无生气的想象主要是这样的：上帝存在着，他面对一个空洞的宇宙，经历了无限的时间，而在时间的某一刻做出一种创造，由此这个宇宙充满了创造物。这是荒唐的。如果宇宙有有限的年龄，那么就有绝对的零计时。时间是变化的尺度，说在有任何变化的事物之前事物是怎么样的乃是没有什么意义的；这其实是说事物在比最早的时刻更早的某个时刻是怎么样的。“在……之前”是一个时间词，除非转义用它来表示与某个非时间次序相关，比如表示“依赖于”的反面。既然只有说时间是事件发生的时间才能是对的，那么说宇宙一直总是存在的就一定是正确的，无论它的年龄是有限的还是无限的。如果说上帝在此时或彼时存在乃
105 是有意义的，那么上帝当然一直总是存在的；但是，说他在有了任何时间之前存在，则是无意义的。

无论如何，认为宇宙是否有有限的年龄这个问题绝对有意义，似乎是令人怀疑的。说它有任何特定有限的年龄取决于时间的衡定，因而可以把一秒钟持续这一概念用于与现在公认的条件完全不同的条件。有了任何这样的衡定，由此总是可以得出一个新的衡定，因此宇宙的年龄变成无限的，尽管没有设定新事件。反过

来，有了一个使宇宙年龄表现为无限的衡定，就能够总是修正它，从而把它表达为有限的。人们似乎无法确定是不是可以绝对地说，一种衡定乃是唯一正确的衡定。如果某种物理过程，比如中子蜕变的过程或任何一种过程，被命名为时钟，那么问这个过程是不是总是采用相同的时间，当然就变得不可能了。但是显然没有什么权威决定哪一个过程将这样被命名，或者任何过程将被命名。这里的问题主要在于哪一种选择实际上会得出对于物理的相互作用的最平稳的数学描述。

一个东西若有意志，它就必须不仅能够做事情，而且能够在一些可以做的事情范围中选择做一种事情。如同我们看到的，上帝做事情，而且在做事情的时候，显然在许多可能性中做出选择。此外，一个东西若有完满的意志，那么这个东西在可选择能做的事情之间进行选择的时候，就不能在所有情况下任意选择。有时候必须要做出任意选择，一如布列丹的驴理解不了的那样；但是，既然能做的事情之间或它们的后果之间通常是有重大区别的，因而做出选择通常具有某种理由。既然不同选择的后果常常会是非常不同的，我们必须假定上帝在可能做的不同事情之间的选择一定是由他对这些后果的领悟指导的：上帝一定有动机做他的事情。这
样我们可以认为上帝有最完满的意志。当耶稣的使徒被教导着说 106
“愿你的旨意行在世上”时，他们不是在被诱导着做一个空洞的祈祷。

上帝的意志能够被阻挠吗？这似乎是不可能的，因为很明显上帝有力量阻止它。如果十诫或任何与其相似的东西代表上帝对我们的意志，即他关于我们自己应该怎么做的意志，那么这个意志

显然不断地、大规模地受到阻挠。我们只能靠区别上帝的直接意志和上帝的全面意志来解决这个问题。整体上考虑，上帝的意志一定是这样的：我们不应该不得已地遵从他的直接意志，而应该不受约束地蔑视这种直接意志——谋杀和通奸，撒谎和做残忍的事情。

但是，看上去与上帝意志相反，但不是由于人类邪恶所致的东西又会怎样呢？例如，由疾病或自然灾害引起的可怕苦难，或者有普遍感觉能力的创造物被它们的天敌捕获而遭受的苦难。难道上帝不考虑他那些有感觉能力的创造物的福祉吗？《诗篇》作者断言：“狮子跟在猎物后面咆哮，确实是在寻求上帝给予它们食物。”狮子追捕成功时，它们的猎物没有得到它们所追求的东西。《旧约》还有一种不同的传统。在《创世记》中，没有把肉分配给人和野兽作为他们的食物，只把地球上的果实分配给了他们。而且在《以赛亚书》中，狮子像牛一样吃草。在其著名的预言中，预言家说：“它们不会伤害或毁灭我所有神圣的山峦。”显然过去有一种感知，觉得动物王国（包括人）内盛行的暴力与上帝的直接意志是相违背的。暴力确实盛行，这一定是由于某种压倒一切的必然性所致。我们不能说我们永远也不会知道这种必然性是什么。一些聪明人可能会预见它；或者它可能会是来自上帝的启示的主题。但是我们不能肯定地说我们将知道它是什么。正如我们现在所是的那样，预见这种必然性可能是什么，几乎肯定是我们做不到的。当
107 然，无神论者在这里获得一种局部论证优势，因为他们不必假定有任何我们不知道和不能猜测的东西：自然选择的力量产生一些动物，它们捕猎其它动物，就是这么一回事。

人们可以给如其自身所是的世界这个概念以实质意义，即它是如同上帝知道它所是的那个世界。认识到这一点并不能帮助我们使我们知道的关于我们的世界的不同层次的真陈述和谐一致。它也不应会阻碍我们努力获得我们能够得到的关于这个世界最好的描述，而且为了解释这种描述的意义，我们最低限度地诉诸我们的经验。然而，这将减轻我们对未能使我们的所有知识和谐一致或未能获得一种令人满意的中立描述的担忧，因为它使我们懂得，未能这样做可能就事物本性而言乃是不可避免的。我们必须抵制的乃是一种诱惑，即祈求上帝的知识为二值或所有量的确切大小的保证。面对一个我们不能回答的问题，一种有正当性的语义学做出令人沮丧的回答说，尽管我们绝不能排除有一个回答的可能性，却可能是没有回答的。当有一个我们不知道的回答时，我们可能说上帝知道它：他知道它，因为对每一个真命题，他都知道它是真的。但是我们没有权利假定，对每一个可明白理解的问题，上帝都知道它的一个回答；如果是没有回答的，那么就没有他知道的东西。上帝不需要知道，任何给定的理性动物若是做他们实际上绝不会做的研究，那么他们会观察到或发现什么。这样的反事实问题不必有确定的回答。

真的积累性特征提出了一个问题。如果你告诉我你过去有的一种经验说，“我过去想，‘我不知道我是在哪里’”，那么我们两个现在谁也不能思考那个思想，但是我们都知道你有过什么思想。同样，尽管我们的思想不是上帝的思想，他却知道我们有什么思想。现在，当我们说上帝存在，或者上帝知道此事或彼事时，我们使用的时态是真正的现在时吗？或者“存在”和“知道”这两个动词

108 具有如同弗雷格所谓的无时间性的时态吗？如果我们是在使用一种真正的现在时，上帝就是在时间中；而这暗含着一种意思：一些事物过去不是真的，但是在某个时刻可能对于他是真的。因此他可能根据他所知道的东西而发生变化。这并不侵犯他的全知性：他总是知道每一个是真的东西，而不是知道某些以前不是真的命题现在变成真的。上帝这样一种变化程度与作为我们关于上帝概念一部分的不变性乃是严重冲突的。我们能说上帝自身不变，但在他关于与他自身不同的事物所知道的东西上能够发生变化吗？好比我们不说，当一家三个小孩同属一胞时，3 这个概念就变化了。3 过去是这家小孩的数，而现在不再是了；但是这种变化是外在的，而不是内在的。如果上帝的知识，就像我们自己的知识一样，会依赖于他所知道的实在，这可能就会是令人满意的；然而不是这么一回事——实在依赖于他知道它乃是如其所是的。

因此我们必须采取另一种方法：当我们说上帝的知识时，我们是在使用无时间性的时态。上帝能够把我们思想中那些我们以后将认识到为真或为假的思想和那些绝不会被证实或证伪的思想区别开来。可能会是这样的：根据这种假定，对于我们能够把握的命题而言，一种真之概念成为我们可得到的，而这种概念超出我们现在能够认识到为真的东西。一个命题在这种意义上就是真的，如果上帝知道我们将认识到它为真。这样一个真之概念会支持一种与直觉主义逻辑不一致的三值原则，而直觉主义一般是符合一种有正当性语义学的。通过参照上帝的知识而不是我们自己的知识，命题会被分为现在是或将是真的命题，现在是或将是假的命题和永不确定的命题。我们应该需要一种三值逻辑，而不是一种直觉主义逻辑。这是一种幻想，它是从把“上帝知道是否……”这个短语中的“知道”这个动词读作处于真正的现在时而产生的，即把它的意思读作“上帝现在知道是否……”。如果“知道”处于无时间性的时态，我们就不能这样读；因此我们不能以此提取出当下真这 109
样一个新概念。我们能够得到的真之概念只能依然是有正当性论的概念。

上帝不需要做出任何推理；但是人们可能会论证说，神的逻辑一定是三值的。如果实在没有空缺，就是说，没有什么没有答案的问题，那么上帝的逻辑就会是经典的。因此，许许多多喜欢经典逻辑而不喜欢直觉主义逻辑的人，犯了专断推论的过失，就好像他们是上帝。

索　引

（本索引所注页码为原书页码，即本书边码）